Código de Comercio

Procedimiento de selección de originales, ver página web:
www.tirant.net/index.php/editorial/procedimiento-de-seleccion-de-originales

ACCESO GRATIS ***a la Lectura en la Nube + Actualizaciones***

Para visualizar el libro electrónico en la nube de lectura envíe junto a su nombre y apellidos una fotografía del código de barras situado en la contraportada del libro y otra del ticket de compra a la dirección:

ebooktirant@tirant.com

En un máximo de 72 horas laborables le enviaremos el código de acceso con sus instrucciones.

La visualización del libro en **NUBE DE LECTURA** excluye los usos bibliotecarios y públicos que puedan poner el archivo electrónico a disposición de una comunidad de lectores. Se permite tan solo un uso individual y privado.

Código de Comercio

Actualizado y concordado con la Ley Concursal de Costa Rica, el Código Civil, la Ley de Protección al Inversionista Minoritario, la Ley de Garantías Mobiliarias y el Código Procesal Civil

IGNACIO MONGE DOBLES

tirant lo blanch
San José, 2026

© EDITA: TIRANT LO BLANCH
DISTRIBUYE: TIRANT LO BLANCH COSTA RICA
Grupo Editorial Tirant CR
San José, Yoses Sur.
Costa Rica
Tel. 2280-1370
ventas@cr.tirant.com
Librería virtual: editorial.tirant.com/cr/
ISBN: 979-13-7021-603-0

Dedico esta obra en memoria de los connotados juristas Dr. Álvaro Hernández Aguilar (q.d.D.g), Dr. Octavio Torrealba Toruño (q.d.D.g) y Dr. Gastón Certad Maroto (q.d.D.g).

ADVERTENCIA

Se advierte al lector que este Código de Comercio se ha anotado y concordado con normativa vigente hasta el primer semestre del año 2025. Por ello, se debe prestar atención a la permanencia o no de las líneas normativas anotadas luego de su publicación.

Dr. **Ignacio Monge Dobles**
El Autor

ÍNDICE

CÓDIGO DE COMERCIO

LIBRO PRIMERO

LIBRO TERCERO

LIBRO CUARTO

LIBRO QUINTO

ABREVIATURAS

En las concordancias de cada artículo, si al número indicado no se acompañan las siglas del Código o Ley de procedencia, se entiende que la norma indicada pertenece a este mismo Código.

Art. (s) *Artículo (s)*

C.C. *Código Civil*

C.P.C. *Nuevo Código Procesal Civil*

CÓDIGO DE COMERCIO

TÍTULO PRELIMINAR

CAPÍTULO ÚNICO

ARTÍCULO 1.- Las disposiciones contenidas en el presente Código rigen los actos y contratos en él determinados, aunque no sean comerciantes las personas que los ejecuten. Los contratos entre comerciantes se presumen actos de comercio, salvo prueba en contrario.

Los actos que sólo fueren mercantiles para una de las partes se regirán por las disposiciones de este Código.

Concordancias

Arts. 5 a), 6 y 439.

ARTÍCULO 2.- Cuando no exista en este Código, ni en otras leyes mercantiles, disposición concreta que rija determinada materia o caso, se aplicarán, por su orden y en lo pertinente, las del Código Civil, los usos y costumbres y los principios generales de derecho. En cuanto a la aplicación de los usos y costumbres, privarán los locales sobre los nacionales; los nacionales sobre los internacionales; y los especiales sobre los generales.

Concordancias

Art. 416.
Arts. 1, 2, 3 y 4 C.C.

ARTÍCULO 3.- Para que la costumbre sea aplicable y supla el silencio de la ley, es necesario que haya sido admitida de modo general y por un largo tiempo, todo a juicio de los tribunales. El que invoque una costumbre debe probar su existencia, para lo cual toda clase de prueba es admisible.

Concordancias

Art. 431 f) y g).
Arts. 1, 2, 3 y 4 C.C.

ARTÍCULO 4.- Las costumbres mercantiles servirán no sólo para suplir el silencio de la ley, sino también como regla para apreciar el sentido de las palabras o términos técnicos del comercio usados en los actos o contratos mercantiles.

Concordancias

Art. 436.
Arts. 1, 2, 3 y 4 C.C.

LIBRO PRIMERO

TÍTULO I

CAPÍTULO I
DE LOS COMERCIANTES

ARTÍCULO 5.- Son comerciantes:

a) Las personas con capacidad jurídica que ejerzan en nombre propio actos de comercio, haciendo de ello su ocupación habitual;

b) Las empresas individuales de responsabilidad limitada;

c) Las sociedades que se constituyan de conformidad con disposiciones de este Código, cualquiera que sea el objeto o actividad que desarrollen;

d) Las sociedades extranjeras y las sucursales y agencias de éstas, que ejerzan actos de comercio en el país, sólo cuando actúen como distribuidores de los productos fabricados por su compañía en Costa Rica; y

e) Las disposiciones de centroamericanos que ejerzan el comercio en nuestro país.

Concordancias

Arts. 1, 6, 9, 17, 18 inciso 5).

ARTÍCULO 6.- Los que ocasionalmente lleven a cabo actos de comercio no serán considerados comerciantes, pero quedan sometidos, en cuanto a esos actos, a las leyes y reglamentos que rigen los actos de comercio.

Concordancias

Arts. 1 y 5.

ARTÍCULO 7.- Cuando un menor de edad o un incapaz adquiera por cualquier título, un negocio o empresa comercial, el Juez Civil del lugar, en información incoada por el representante legal, el Patronato Nacional de la Infancia, siguiendo los trámites correspondientes a los actos de jurisdicción voluntaria, lo autorizará para ejercer el comercio bajo la custodia y dirección de su representante legal.

Quedan a salvo de esta disposición aquellos casos en que los derechos del menor o del incapaz se refieran a una sociedad, en cuyo evento se estará a lo que especialmente se dispone en el Capítulo de Sociedades.

Concordancias

Art. 235 e).
Arts. 19, 37, 38, 39 y 40 C.C.
Arts. 8.3.2.2., 177 y 178 C.P.C.

ARTÍCULO 8.- No podrán ejercer el comercio, aunque tengan capacidad conforme al derecho común:

a) Los privados de ese derecho por sentencia judicial;

b) Quienes estén sometidos a un concurso, cuando se haya ordenado la apertura de la fase de liquidación o hayan sido separados de la administración de sus bienes; y

(Así reformado por el artículo 74.3 de la Ley No. 9957)

c) Los funcionarios públicos a quienes la ley prohíba tal ejercicio.

Los extranjeros podrán ejercer el comercio en el territorio nacional, siempre que se hayan establecido permanentemente en el país, con residencia no menor de 10 años, sometidos al régimen jurídico y a la jurisdicción de los tribunales de la República, salvo lo que sobre el particular consignen los tratados o convenios internacionales.

En cuanto a sociedades extranjeras, se estará a lo que dispone este Código.

Concordancias

Arts. 226, 864-867.

CAPÍTULO II
DE LA EMPRESA INDIVIDUAL DE RESPONSABILIDAD LIMITADA

ARTÍCULO 9.- La empresa individual de responsabilidad limitada es una entidad que tiene su propia autonomía como persona jurídica, independiente y separada de la persona física a quien pertenezca. Las personas jurídicas no podrán constituir ni adquirir empresas de esta índole.

Para efectos del impuesto sobre la renta, el propietario de empresas individuales incluirá en su declaración personal el imponible proveniente de cada una de ellas.

Concordancia

Art. 5 b).

ARTÍCULO 10.- La empresa individual de responsabilidad limitada se constituirá mediante escritura pública que consignará:

a) El nombre de la empresa al cual deberá anteponerse o agregarse la expresión "Empresa Individual de Responsabilidad Limitada", o las iniciales "E.I.R.L.". Queda prohibido usar como distintivo el nombre o parte del nombre de una persona física;

b) El domicilio de la empresa, indicando si queda autorizada para abrir agencias o sucursales, dentro o fuera del país;

c) El capital con que se funda, al cual se aplicarán, en lo pertinente, las disposiciones de los artículos 18 inciso 9), y 32 de este Código;

d) El objeto a que se dedicará la empresa. No podrá ésta dedicarse a otra actividad que la consignada en la escritura;

e) La duración de la empresa, con indicación de la fecha en que ha de iniciar operaciones. Si se omite este dato, se entenderá, para todos los efectos, que inicia sus operaciones en el momento en que se inscriba en el Registro Público; y

f) El nombramiento del gerente, que puede serlo por todo el tiempo de duración de la empresa o por períodos que en la escritura se indicarán.

El gerente puede ser o no el dueño de la empresa; tendrá facultades de apoderado generalísimo y no podrá sustituir su mandato, salvo que lo autorice la escritura; sin embargo, podrá conferir poderes judiciales.

Concordancias

Art. 235 bis y 637.

ARTÍCULO 11.- Sólo cuando se hayan practicado el inventario y el balance anuales, y éstos arrojen ganancias realizadas y líquidas, podrá el propietario retirar utilidades.

Concordancia

Art. 27.

ARTÍCULO 12.- Únicamente el patrimonio de la empresa responderá por las obligaciones de ésta, sin que al propietario le alcance responsabilidad alguna, pues su obligación se limita a aportar el capital.

Concordancias

Arts. 75 y 102.

ARTÍCULO 13.- La constitución de la empresa como sus modificaciones, disolución, liquidación o traspaso, se publicarán en extracto en el periódico oficial y se inscribirán en el Registro Público.

Concordancias

Arts. 79, 235, 479 y 480.
Art. 450 C.C.

ARTÍCULO 14.- La venta del establecimiento comercial, taller, negocio o actividad que desarrolle, no producirá necesariamente la liquidación de la empresa.

Concordancias

Arts. 478 y siguientes.

ARTÍCULO 15.- El fundador, o sus legítimos sucesores, podrán liquidar la empresa antes del vencimiento, caso en el cual deberán hacer inventario y balance y publicar el aviso de liquidación en "La Gaceta", llamando a acreedores e interesados, para que dentro del término de un mes a partir de la publicación presenten sus reclamos. El patrimonio de la empresa servirá para pagar los créditos. Si no se presentare algún acreedor cuyo crédito conste en los libros de la empresa, se depositará el monto de éste en un banco a la orden del acreedor omiso. Transcurridos cuatro años desde el día de la publicación sin que el interesado haya reclamado la suma depositada, prescribirá su derecho en favor del dueño de la empresa liquidada. Igual trámite se observará cuando la empresa se liquide por haber vencido su término.

Concordancias

Arts. 478 y siguientes.

ARTÍCULO 16.- DEROGADO.
(Derogado por el artículo 73.2 de la Ley No. 9957)

CAPÍTULO III
DE LAS SOCIEDADES

ARTÍCULO 17.- Es mercantil, independientemente de su finalidad:

a) La sociedad en nombre colectivo;

b) La sociedad en comandita simple;

c) La sociedad de responsabilidad limitada; y

d) La sociedad anónima.

Concordancias

Arts. 5 c), 33 y siguientes, 57 y siguientes, 75 y siguientes, 102 y siguientes.
Art. 1206 C.C.

ARTÍCULO 18.- La escritura constitutiva de toda sociedad mercantil deberá contener:

1) Lugar y fecha en que se celebra el contrato;

2) Nombre y apellidos, nacionalidad, profesión, estado civil y domicilio de las personas físicas que la constituyan;

3) Nombre o razón social de las personas jurídicas que intervengan en la fundación;

4) Clase de sociedad que se constituye;

5) Objeto que persigue;

6) Razón social o denominación. En la sociedad anónima y en la de responsabilidad limitada, en vez de razón social o denominación, el Registro Nacional asignará de manera oficiosa y automática, al momento de la inscripción, el número de cédula jurídica; salvo lo dispuesto en leyes especiales;

7) Duración y posibles prórrogas;

8) Monto del capital social y forma y plazo en que deba pagarse;

9) Expresión del aporte de cada socio en dinero, en bienes o en otros valores. Cuando se aporten valores que no sean dinero, deberá dárseles y consignarse la estimación correspondiente. Si por culpa o dolo se fijare un avalúo superior al verdadero, los socios responderán solidariamente en favor de terceros por el exceso de valor asignado y por los daños y perjuicios que resultaren.

Igual responsabilidad cabrá a los socios por cuya culpa o dolo no se hicieren reales las aportaciones consignadas como hechas en efectivo;

10) Domicilio de la sociedad: deberá ser una dirección actual y cierta dentro del territorio costarricense, en la que podrán entregarse válidamente notificaciones.

11) Forma de administración y facultades de los administradores;

12) Nombramiento de los administradores, con indicación de los que hayan de tener la representación de la sociedad con su aceptación, si fuere del caso;

13) Nombramiento de un agente residente que cumpla con los siguientes requisitos: ser abogado, tener oficina abierta en el territorio nacional, poseer facultades suficientes para atender notificaciones judiciales y administrativas en nombre de la sociedad, cuando ninguno de sus representantes tenga su domicilio en el país.

El Registro no inscribirá ningún documento relativo a la sociedad, si en los casos en que sea necesario, el nombramiento no se encuentre vigente.

14) Modo de elaborar los balances y de distribuir las utilidades o pérdidas entre los socios;

15) Estipulaciones sobre la reserva legal, cuando proceda;

16) Casos en que la sociedad haya de disolverse anticipadamente;

17) Bases para practicar la liquidación de la sociedad;

18) Modo de proceder a la elección de los liquidadores, cuando no hayan sido designados anticipadamente y facultades que se les confieren; y

19) Cualquier otra convención en que hubieren consentido los fundadores.

Concordancias

Arts. 411, 104 a), 312 c) y d), 398, 202, 17, 5 c), 402, 637, 24, 35-37, 62, 76, 77, 103, 235 bis, 245-250, 60 c), 201 a), 79, 80, 102, 104, 106 a), 107, 29, 32, 59 b), 61-69, 80, 104, 107, 109, 116, 32 bis y 211.

Art. 61 C.C.

Ver además: Art. 20 de la Ley de Notificaciones Judiciales; Art. 243 de la Ley General de la Administración Pública; y Art. 21 de la Ley sobre Inscripción de Documentos en el Registro Público.

ARTÍCULO 19.- La constitución de la sociedad, sus modificaciones, disolución, fusión y cualesquiera otros actos que en alguna forma modifiquen su estructura, deberán ser necesariamente consignados en escritura pública, publicados en extracto en el periódico oficial e inscritos en el Registro Mercantil.

Concordancias

Arts. 22, 235 a) y 399.

ARTÍCULO 20.- Las sociedades inscritas en el Registro Mercantil tendrán personería jurídica. Declarada la inexistencia o la nulidad del acto constitutivo, se procederá a la disolución y liquidación de la sociedad sin efecto retroactivo.

Concordancias

Arts. 201 y 235 a).

ARTÍCULO 21.- La ley reconoce además las cuentas en participación, sin atribuirles personería jurídica distinta de la de los asociados.

Concordancias

Arts. 663 y siguientes.

ARTÍCULO 22.- Mientras no se hayan efectuado la publicación y la inscripción a que se refiere el artículo 19, las resoluciones, los pactos y los documentos sociales, no producirán efecto alguno legal en perjuicio de terceros, y los socios fundadores responderán solidariamente a dichos terceros de las obligaciones que en tales circunstancias se contrajeren por cuenta de la compañía. Cualquier socio podrá gestionar la inscripción de la escritura y si prueba su actividad en ese sentido, cesará la responsabilidad en cuanto a él, desde el momento en que inició gestiones formales para la inscripción.

Concordancias

Arts. 19, 77 y 664.
Art. 1251 C.C.

ARTÍCULO 23.- A falta de escritura social, los terceros interesados podrán acreditar la existencia de la sociedad de hecho y las condiciones bajo las cuales haya funcionado, por todos los medios probatorios comunes.

Igual derecho tienen los socios a efecto de comprobar el contrato entre ellos.

Concordancias

Arts. 431 f).
Art. 1198, 1199 y 1206 C.C.
Arts. 2, 24, 41-49 C.P.C.

ARTÍCULO 24.- Prohíbase hacer uso de una razón social, nombre o distintivo, si la sociedad que se anuncia no esté debidamente constituida conforme a este Código. Los infractores de esta disposición, aparte de la responsabilidad de orden civil en que puedan incurrir, serán sancionados con las penas establecidas en los artículos 281 y 282 del Código Penal, según las circunstancias.

(Nota: Los tipos penales citados hacían referencia a los delitos de defraudación (art. 281) y conductas similares (art. 282), que estuvieron incluidos en el Código Penal No. 368 de 21 de agosto de 1941, derogado en 1970 por el Código Penal No. 4573 de 04 de mayo de 1970. Dichas conductas corresponden actualmente a las señaladas en los artículos 216 (Estafa) y 217 (Estelionato) del Código Penal indicado)

Concordancias

Arts. 77, 246 y 247.

ARTÍCULO 25.- No producirán ningún efecto legal las estipulaciones que excluyan a uno o más socios de la participación en las ganancias, salvo lo que en contrario se dispone en cuanto a las acciones no comunes de sociedades anónimas.

Concordancias

Arts. 121 y 122.
Arts. 1201-1206 C.C.

ARTÍCULO 26.- Los socios tendrán el derecho de examinar los libros, la correspondencia y demás documentos que comprueben el estado de la sociedad. Asimismo, los socios tendrán el derecho de examinar los documentos y contratos de aquellas transacciones que involucren la adquisición, venta, hipoteca o prenda de activos de la compañía que representen un porcentaje igual o superior al diez por ciento (10%) de los activos totales de esta. Si se estorbare de forma injustificada el ejercicio de este derecho, el juez, a solicitud del interesado, ordenará el examen de libros y documentos, a fin de que este obtenga los datos que necesita.

Asimismo, a solicitud del socio o los socios que representen por lo menos el diez por ciento (10%) del capital social, el juez ordenará un auditoraje de la compañía conforme a las Normas Internacionales de Auditoría (NIAS), por cuenta de los solicitantes. Este porcentaje puede ser disminuido en los estatutos.

El juez designará al efecto a un contador público autorizado o a una firma de contadores públicos autorizados y fijará prudencialmente el monto de sus honorarios, los cuales serán depositados de previo al nombramiento y girados conforme lo disponga el juez. Iguales derechos tendrán los participantes respecto al gestor, en una cuenta en participación.

Para sujetos autorizados por la Superintendencia General de Valores (Sugeval), cuyos valores se hayan inscrito en el Registro Nacional de Valores e Intermediarios, se presumirá que la información que comprueba el estado de la sociedad es aquella de naturaleza pública que divulguen sus administradores, según los requerimientos establecidos por la Superintendencia General de Valores

(Así reformado por la Ley de Protección al Inversionista Minoritario N° 9392)

Concordancias

Arts. 321, 73, 163, 164, 172, 173, 197 i), 216 c), 265 y 663 y siguientes.

ARTÍCULO 27.- La sociedad no podrá hacer préstamos o anticipos a los socios sobre sus propias acciones o participaciones sociales.

No podrán pagarse dividendos ni hacerse distribuciones de ningún género, sino sobre utilidades realizadas y líquidas resultantes de un balance aprobado por la asamblea.

Si hubiere pérdida del capital social, éste deberá ser reintegrado o reducido legalmente antes de hacerse repartición o asignación de utilidades.

Los administradores serán personalmente responsables de toda distribución hecha en contravención con lo establecido.

Concordancias

Arts. 14, 31, 70, 87, 100, 129, 142, 189 y siguientes.

ARTÍCULO 28.- El nuevo socio de una compañía ya constituida responderá, como los demás, de todas las obligaciones contraídas por ésta antes de su admisión, aunque haya cambiado el nombre o la razón social. Toda estipulación en contrario será nula.

ARTÍCULO 29.- Cada socio deberá aportar alguna parte de capital, sea en dinero, bienes muebles o inmuebles, títulos valores, créditos, trabajo personal o conocimientos. No podrá obligarse a los socios a aumentar el aporte convenido, ni a reponerlo en caso de pérdida, salvo pacto en contrario.

Al socio industrial se le asignará, por su trabajo, una suma que guarde relación con la cooperación que preste, pero nunca será menor del salario acordado para trabajos de esa índole, tomando en cuenta el lugar donde se preste esa cooperación personal. En todo caso, el socio industrial gozará de los derechos estipulados en el Código de Trabajo.

Concordancias

Arts. 18 inciso 9), 31, 32 y 67.
Arts. 1220-1222 y 1228 C.C.

ARTÍCULO 30.- El capital social podrá aumentarse:

a) Mediante aporte.

b) Capitalizando las reservas y los fondos especiales que aparezcan en el balance.

En los aumentos de capital social se observarán las mismas reglas que en la constitución de la sociedad.

Se prohíbe a las sociedades constituir o aumentar su capital mediante suscripción recíproca en participaciones sociales, aun por interpósita persona.

Las sociedades no podrán invertir total ni parcialmente su propio capital en participaciones sociales de la sociedad que las controla, o en otras sociedades sometidas al mismo control.

El aumento de capital en que se violen estas disposiciones se tendrá por no realizado, sin perjuicio de la acción de responsabilidad que se pueda ejercer contra los administradores.

Concordancias

Arts. 81, 82, 106, 189 y siguientes.
Art. 20 C.C.

ARTÍCULO 31.- El capital podrá disminuirse:

a) Mediante el reembolso a los socios o la liberación de sus obligaciones pendientes por concepto de aporte.

b) Por absorción de pérdidas.

La disminución de capital no afectará a terceros sino después de tres meses de publicada por tercera vez en el diario oficial La Gaceta.

Durante ese término, cualquier acreedor de la compañía podrá oponerse a la disminución de capital, si prueba que le causa perjuicio.

La oposición se substanciará por el trámite de los incidentes.

El Registro Público no inscribirá los acuerdos que contravengan lo prescrito en este artículo y el anterior.

Concordancias

Arts. 27, 83 y 106.
Arts. 113 y 114 C.P.C.

ARTÍCULO 32.- Cuando el aporte fuere en dinero, pasará a ser propiedad social. Si fuere en créditos u otros valores, la sociedad los recibirá, a reserva de que se hagan efectivos a su vencimiento, y si así no ocurriere los devolverá al socio que los haya aportado, con el requerimiento de que debe pagar el aporte en dinero dentro de un término que le fijará y que no será menor de un mes. Si no hiciere el pago dentro de ese plazo, se le excluirá de la sociedad, y cualquier entrega parcial que hubiere hecho quedará en favor de la compañía como indemnización fija de daños y perjuicios. Si el aporte consistiere en bienes muebles o inmuebles, el traspaso deberá ser definitivo y en firme, sin más gravámenes o limitaciones que los existentes al ofrecerlos como aporte y que hayan sido aceptados por los otros socios. Si el aporte fuere la explotación de una marca de fábrica, de una patente, de una concesión nacional o municipal u otro derecho semejante, debe expresarse si lo que se aporta es sólo el uso o la explotación de la misma, conservando el socio su calidad de dueño, a fin de que le sea devuelta al vencer el plazo estipulado en el contrato, o si por el contrario el traspaso es definitivo en favor de la sociedad. Si sobre este particular se guardare silencio o el contrato no fuere suficientemente claro, se entenderá que el traspaso se ha hecho de modo total y definitivo a la sociedad. Si el aporte consistiere en trabajo personal o conocimientos, deberán estipularse los plazos y condiciones en que serán puestos a disposición de la sociedad.

Concordancias

Arts. 10, 18 inciso 9), 29, 67 y 107.
Arts. 1220-1222 C.C.

ARTÍCULO 32 bis.- Los socios disidentes de los acuerdos de prórroga del plazo social, traslado del domicilio social al extranjero y transformación y fusión que generen un aumento de su responsabilidad, tienen derecho a retirarse de la sociedad y a obtener el reembolso de sus acciones, según el precio promedio del último trimestre, si se cotizan en bolsa, o proporcionalmente al patrimonio social resultante de una estimación pericial.

La declaración de retiro debe ser comunicada a la sociedad por carta certificada o por otro medio de fácil comprobación, por los socios que intervinieron en la asamblea, dentro de los cinco días siguientes a la inscripción del acuerdo en el Registro Mercantil.

Puede también ejercer el derecho de receso, el socio que compruebe:

a) Que la sociedad, a pesar de tener utilidades durante dos períodos consecutivos, no repartió en efectivo cuando menos el diez por ciento (10%) en dividendos, en cada período.

b) Que ha cambiado el giro de su actividad de modo que le cause perjuicio. En estos casos, la acción caduca un año después de haberse producido la causal.

Para efectos del ejercicio del derecho de receso, las acciones del recedente deben ser depositadas en una entidad financiera o bancaria, o en una central para el depósito de valores, desde la notificación establecida en el párrafo segundo de este artículo.

El valor de sus acciones le será reembolsado al recedente en un plazo máximo de sesenta días, contados a partir de la notificación a la sociedad, en dinero efectivo.

Es nulo cualquier pacto que tienda a entorpecer, limitar o excluir el derecho de receso.

Concordancias

Arts. 18 incisos 7) y 10), 48, 175, 220 y siguientes, 223, 225 y 984.
Arts. 1204 inciso 5) y 1225 C.C.
Art. 33 C.P.C.

ARTÍCULO 32 ter.- Las empresas, sociedades y otras figuras reguladas por el presente Código deben adoptar políticas de gobierno corporativo aprobadas por la Junta Directiva u órgano equivalente, las cuales deben incluir al menos lo siguiente:

a) La obligación de que toda transacción de la empresa que involucre la adquisición, venta, hipoteca o prenda de activos de esta con el gerente general, con alguno de los miembros de la Junta Directiva o con partes relacionadas con estos deba ser reportada previamente a la Junta por quien esté involucrado en la transacción, proporcionándole toda la información relevante sobre el interés de las partes en la transacción.

Dicha persona deberá inhibirse de la toma de la decisión, respecto de la transacción en cuestión.

En relación con el concepto de partes relacionadas con el gerente o los miembros de Junta deben considerarse los criterios para identificar relaciones de influencia e interés entre personas y entidades dispuestos mediante decreto ejecutivo emitido por el Ministerio de Economía, Industria y Comercio (MEIC), a propuesta del Consejo Nacional de Supervisión del Sistema Financiero (Conassif), para lo cual se tomará en consideración las Normas Internacionales de Información Financiera (NIIF), adoptadas por el órgano competente.

b) La aprobación de la Junta Directiva u órgano equivalente, como requisito previo para la ejecución de aquellas transacciones que involucren la adquisición, venta, hipoteca o prenda de activos de la compañía emisora que representen un porcentaje igual o superior al diez por ciento (10%) de los activos totales de esta. En la determinación se considerarán los activos totales al cierre del mes anterior a la transacción, de acuerdo con los estados financieros.

c) La obligación de divulgar en el informe sobre los resultados del ejercicio anual que presenten los administradores, de conformidad con lo dispuesto en el artículo 155 del presente Código, las transacciones a que se refiere el inciso anterior.

En el caso de las mypimes, según la clasificación del Ministerio de Economía, Industria y Comercio (MEIC), así como para todas aquellas empresas que no coticen sus valores en bolsa, dicha divulgación será en los términos que establezca mediante decreto ejecutivo el MEIC y, para las empresas que cotizan sus valores en bolsa, dicha divulgación deberá ajustarse a la regulación emitida por el Conassif, según corresponda.

(Así adicionado por la Ley de Protección al Inversionista Minoritario No. 9392)

CAPÍTULO IV
DE LAS SOCIEDADES EN NOMBRE COLECTIVO

ARTÍCULO 33.- Sociedad en nombre colectivo es aquella que existe bajo una razón social y en la que todos los socios responden de modo subsidiario pero ilimitada y solidariamente, de las obligaciones sociales.

Concordancias

Arts. 17 a) y 51.

ARTÍCULO 34.- Es absolutamente nulo y no producirá efecto legal alguno en perjuicio de terceros, el pacto en virtud del cual se supriman o disminuyan las responsabilidades ilimitadas y solidarias de los socios.

ARTÍCULO 35.- La razón social se formará con el nombre y apellido o sólo el apellido de uno o más socios, con el aditamento "y Compañía" u otra expresión equivalente que indique la existencia de más socios, si los hubiere.

Concordancias

Arts. 36, 37, 42, 62, 76, 235 bis, 245 y 249.

ARTÍCULO 36.- La persona extraña a la sociedad que consienta en que su nombre y apellido figuren en la razón social, quedará sujeta a las responsabilidades ilimitadas que corresponden al socio.

Concordancias

Arts. 62 y 74.

ARTÍCULO 37.- La separación de un socio o el ingreso de un extraño a la sociedad, no impedirá la continuación del uso de la razón social existente; pero si el nombre o apellido del socio separado apareciere en la razón social y éste consintiere en que se siga usando, deberá agregarse a la razón social la expresión "Sucesores" u otra equivalente. Esa circunstancia no limita la responsabilidad del socio separado, la cual se mantendrá mientras su nombre aparezca en la razón social.

Concordancias

Arts. 62, 74 y 249.

ARTÍCULO 38.- Los socios no podrán ceder su derecho en la sociedad sin el consentimiento expreso de los demás. Tampoco podrán interesar a terceros en forma alguna en la sociedad, sin ese consentimiento.

Concordancias

Arts. 55 c), 74, 85, 138 y 235 b).

ARTÍCULO 39.- La administración de la sociedad, y el uso de la firma social, corresponderán exclusivamente a la persona o personas a quienes de acuerdo con los términos del contrato se hubiere dado esa facultad. La firma de todos los socios obliga a la sociedad.

Concordancia

Art. 966.

ARTÍCULO 40.- Podrá ser administrador quien no sea socio, pero la escritura social deberá autorizarlo expresamente.

Concordancia

Art. 966.

ARTÍCULO 41.- Los administradores tendrán las facultades y poderes que se determinen en la escritura social.

Concordancias

Arts. 235 d) y 966.

ARTÍCULO 42.- El uso de la firma social no es trasmisible. Para sustituir el mandato será indispensable que lo autorice la escritura social o expresamente lo consientan todos los socios. Sin embargo, los administradores podrán constituir apoderados judiciales.

Concordancia

Art. 91.

ARTÍCULO 43.- No obligarán a la sociedad los actos, aun hecho a nombre de la firma social, de los socios que no sean administradores. Pero si sus nombres figuraran en la razón social, la sociedad soportará las resultas de los actos ejecutados a su nombre con terceros de buena fe, sin perjuicio de las acciones que procedan contra el socio que hubiere actuado sin derecho.

Concordancia

Art. 35.

ARTÍCULO 44.- La facultad de administrar, y el uso de la razón social, se podrán conferir en el acto de firmar la escritura o posteriormente, por todo el tiempo que dure la sociedad, por un término menor o por períodos fijos. En todo caso, el nombramiento se hará por unanimidad de votos.

ARTÍCULO 45.- Las facultades de los administradores no se trasmiten a sus herederos, aun cuando se haya estipulado que la sociedad deba continuar entre éstos y los socios sobrevivientes.

ARTÍCULO 46.- Cuando haya más de un administrador, la escritura social indicará si pueden actuar individual o sólo conjuntamente.

Concordancias

Art. 53.
Arts. 1259, 1271 y 1286 C.C.

ARTÍCULO 47.- Los efectos de los actos que ejecute o de los contratos que celebre el administrador por cuenta de la compañía, recaen sobre ella, aunque no se hubiere consignado el carácter con que el administrador actuó, si la intención de proceder en nombre de la empresa se desprende de las circunstancias del caso. Pero, a pesar del empleo de la firma social, no producirán efectos contra la sociedad los compromisos provenientes de operaciones notoriamente ajenas a su objeto y a su comercio usual.

Concordancia

Art. 966.

ARTÍCULO 48.- Los socios no podrán, sin el consentimiento de los demás, interesarse como socios en otras compañías similares, ni emprender por su cuenta, o por la de otro, negocios análogos a los de la sociedad.

El consentimiento se presumirá otorgado si tales negocios fueren del conocimiento público, anteriores a la constitución de la sociedad, y los socios no hubieren estipulado nada al respecto.

La sociedad podrá excluir a los socios que contravinieren esta disposición, o bien tomar por su cuenta el negocio o exigir que el socio le entregue la ganancia obtenida en las operaciones que ya hubiere ejecutado, todo sin perjuicio de la indemnización por cualquier daño que le hubiere ocasionado a la empresa.

Concordancias

Arts. 55 d) y e), 64, 73 y 317.

ARTÍCULO 49.- Mientras no sea aceptado por los demás, no concederá la calidad de socio a un tercero, el hecho de adjudicarse a su favor por remate, herencia o cualquier otra forma, una participación en la sociedad. Como dueño de esa participación, únicamente tendrá derecho a recibir el dividendo correspondiente y a que se le entregue el tanto de su participación cuando se liquide la sociedad.

Cuando el pacto disponga que la sociedad continúe con los herederos del socio que fallezca, regirá lo convenido, pero será indispensable que los herederos acepten expresamente formar parte de la sociedad.

Concordancia

Art. 56 d).

ARTÍCULO 50.- En el caso del artículo anterior, si los herederos del socio fallecido no aceptaren formar parte de la sociedad, ésta podrá continuar entre los socios sobrevivientes, los cuales podrán pagar su participación al heredero o herederos, más los posibles beneficios acumulados al día de la liquidación; o bien, reconocerles y pagarles los respectivos dividendos o ganancias habidas y continuar sirviéndoles el dividendo anual correspondiente, y al producirse la liquidación de la sociedad, entregarles su participación conforme al aporte hecho por el causante, y en los términos en que a éste habría correspondido.

La sociedad no podrá prorrogarse si no se paga a los herederos que no deseen formar parte de ella lo que les corresponda por capital y utilidades o dividendos, a la fecha del vencimiento del plazo social.

ARTÍCULO 51.- Los acreedores de la sociedad no podrán proceder contra los socios personalmente, sino después de haber ejercitado infructuosamente su acción contra ella.

Concordancia

Art. 33.

ARTÍCULO 52.- El socio que en virtud de su responsabilidad para con terceros por las obligaciones de la sociedad, efectuare el pago, tendrá derecho a que los consocios le reembolsen la parte proporcional que a cada uno de ellos corresponda, según su aporte.

Concordancia

Art. 71.

ARTÍCULO 53.- Cuando sean dos los administradores y según la escritura hayan de proceder conjuntamente, la oposición de uno de ellos impedirá la consumación de los actos o contratos proyectados por el otro. Si los administradores conjuntos fueren tres o más, deberán proceder de acuerdo con el voto de la mayoría y abstenerse de ejecutar actos o contratos que no la hubieren obtenido.

Si el acto o contrato se ejecutare no obstante la oposición o la falta de mayoría, surtirá todos sus efectos respecto de terceros de buena fe y el administrador que lo hubiere celebrado responderá a la sociedad de los perjuicios que le ocasione.

ARTÍCULO 54.- Los administradores estarán obligados a rendir cuentas detalladas y documentadas de su administración, siempre que lo pida la mayoría de los socios, aun cuando no sea la oportunidad fijada por la escritura social para hacerlo.

ARTÍCULO 55.- Se prohíbe a los socios:

a) Retirar del fondo común cantidad mayor que la asignada para sus gastos particulares;

b) Aplicar los fondos comunes a sus negocios personales;

c) Ceder, por cualquier título y sin consentimiento previo de los demás socios, su interés en la sociedad o hacerse sustituir en el desempeño de las funciones que le correspondan en la administración. La cesión o sustitución hecha contra lo anterior, es absolutamente nula;

d) Explotar, por cuenta propia o ajena, el mismo ramo de actividades de la sociedad, y hacer sin consentimiento de todos los socios operaciones particulares similares a las comprendidas en el objeto de la sociedad; y

e) Interesarse como socio con responsabilidad ilimitada en otras sociedades que tengan el mismo objeto, y hacer operaciones por cuenta de ellas o de tercero en el mismo ramo de comercio, sin el consentimiento de los otros socios. Este consentimiento se presume si el interés en otra sociedad, o las operaciones de que se ha hecho mérito, existan con conocimiento de los otros socios, antes de la constitución de la sociedad y no se estipuló en la escritura constitutiva que debían cesar.

Concordancias

Arts. 38, 48, 64 y 73.

ARTÍCULO 56.- La sociedad colectiva se disuelve por las siguientes causas:
a) Terminación del plazo o cumplimiento de la condición prefijada al efecto;
b) Consumación del negocio para que fue constituida;
c) Apertura de su liquidación en un proceso concursal;

(Así reformado por el artículo 74.3 de la Ley No. 9957)

d) Muerte de uno de los socios. Podrá convenirse, sin embargo, que este hecho no ponga fin a la sociedad, y que ésta continúe con los socios restantes o con los herederos. Para que continúe con los herederos será necesaria la aceptación de éstos, conforme lo indica el artículo 49;
e) Fusión con otra sociedad; y
f) Prematuramente, por el consentimiento unánime de los socios.

Concordancias

Arts. 49, 201, 203, 220 y siguientes, 960 y siguientes.
Arts. 981, 982, 1237-1245 C.C

CAPÍTULO V
DE LA SOCIEDAD EN COMANDITA

ARTÍCULO 57.- Es sociedad en comandita aquélla formada por socios comanditados o gestores a quienes les corresponde la representación y administración, y por socios comanditarios.

Concordancia

Art. 966.

ARTÍCULO 58.- Entre los socios comanditados se designará al gerente, gerentes o subgerentes que tendrán la representación legal de la sociedad.

Concordancia

Art. 966.

ARTÍCULO 59.- La escritura social, además de los requisitos consignados en el artículo 18, deberá necesariamente contener las siguientes disposiciones:

a) Indicación de quiénes son los socios gestores o comanditados y quiénes son los socios comanditarios; y

b) Aporte de cada socio al capital social.

Concordancias

Arts. 18, 6, 67.

ARTÍCULO 60.- La responsabilidad de los socios gestores o comanditados es similar a la de los socios colectivos, pero la del socio o socios comanditarios queda limitada al monto del capital suscrito.

Concordancias

Arts. 33, 51, 102, 960.

ARTÍCULO 61.- Si el aporte de los socios no consistiere en dinero, se procederá de conformidad con lo dispuesto en el inciso 9) del artículo 18 y la sociedad no quedará constituida mientras no se haya aprobado ese aporte.

Concordancia

Art. 18 inciso 9).

ARTÍCULO 62.- La razón o firma social deberá formarse necesariamente con el nombre, nombres o apellidos de los socios gestores o comanditados, y el aditamento de "y Compañía, Sociedad en Comandita", lo que podrá abreviarse "S. en C.". El comanditario que consienta en que su nombre completo figure en la razón social, será considerado, para los efectos legales, como si fuera socio comanditado.

Concordancias

Arts. 35-37, 43, 235 bis y 245.

ARTÍCULO 63.- Además de las causas por las cuales terminan las sociedades en general, la sociedad en comandita termina por la muerte, apertura de su liquidación en un proceso concursal, interdicción o imposibilidad para administrar del socio comanditado. Pero si fueren varios los socios comanditados y el caso estuviere previsto en la escritura social, la sociedad podrá continuar bajo la administración de los otros socios, debiendo modificarse, si fuere del caso, la razón social.

(Así reformado por el artículo 74.3 de la Ley No. 9957)

Concordancias

Arts. 201-204.
Arts. 981, 982, y 1242-1244 C.C.

ARTÍCULO 64.- No podrán los socios de responsabilidad ilimitada dedicarse, ya sea directamente o por medio de otro, a negocios iguales a los que constituyen el propósito de la sociedad, salvo lo dispuesto en los incisos d) y e) del artículo 55.

Concordancias

Arts. 48, 55 d) y e), y 73.

ARTÍCULO 65.- Los socios comanditarios no podrán, ni aun como apoderados de los socios gestores, ejercer actos de administración. Si procedieren en contra de esta disposición, serán solidariamente responsables ante terceros de todas las pérdidas y obligaciones de la sociedad, derivadas de su gestión administrativa.

Cuando un socio comanditario gestione en nombre de la sociedad en virtud de poder otorgado por ella, deberá hacer constar esa circunstancia.

De no hacerlo incurrirá en las responsabilidades de quien permite que su nombre figure en la razón social.

Concordancias

Arts. 58, 72 y 966.

ARTÍCULO 66.- En caso de muerte del administrador, si no hubiere nada previsto al respecto en la escritura social, podrá un socio comanditario, a falta de socios gestores, desempeñar interinamente los actos de mera administración o de urgencia, durante el término de un mes, contado a partir de la muerte del administrador. La responsabilidad del socio en estos casos queda limitada a la ejecución de su gestión.

Concordancias

Arts. 72 y 966.

ARTÍCULO 67.- El socio comanditario no podrá aportar como capital a la sociedad su capacidad, crédito o industria personal. Su aporte de capital podrá consistir en una patente de invención, marcas de fábrica o la comunicación de un secreto de arte o de ciencia, con tal de que no lo aplique por sí mismo ni coopere en su ejecución.

Concordancias

Arts. 18 inciso 9), 29, 32, y 59 b).

ARTÍCULO 68.- El capital de la sociedad en comandita debe necesariamente ser aportado por uno o más socios comanditarios o por éstos y los socios gestores.

Concordancias

Arts. 18 inciso 9), 59 b), y 61.

ARTÍCULO 69.- Cuando el aporte de un socio comanditario consistiere en el uso o usufructo de una cosa, solamente a éstos, por el plazo estipulado en el contrato social, se reducirá la pérdida que pueda sufrir.

Concordancia

Art. 31.

ARTÍCULO 70.- En caso de pérdidas en la gestión económica, los socios comanditarios no podrán recibir intereses ni dividendos mientras las pérdidas no hayan sido recuperadas en razón de utilidades posteriores. Los comanditarios no estarán obligados a restituir los dividendos que a título de beneficios hayan recibido de buena fe.

Concordancia

Art. 27.

ARTÍCULO 71.- Si por cualquier motivo, el socio comanditario se viere obligado a pagar a terceros por cuenta de la compañía, tendrá derecho a exigir de los socios comanditados el reintegro de lo pagado en cuanto hubiere excedido de la suma de su aporte, si los comanditados hubieren consentido en la contravención.

Concordancia

Art. 52.

ARTÍCULO 72.- Para efectos de las responsabilidades legales, no se consideran como actos de administración por parte de los comanditarios:

a) El asistir a las juntas de socios con voto consultivo;

b) El examen, inspección y vigilancia de la contabilidad y de los actos administrativos;

c) Los contratos que por cuenta propia o ajena celebren con la sociedad;

d) El trabajo subordinado en la sociedad;
e) La vigilancia ejercida de conformidad con la escritura social o con la ley; y
f) La representación de acuerdo con el artículo 66.

Concordancias

Arts. 65 y 66.

ARTÍCULO 73.- El socio comanditario que de acuerdo con las previsiones de la ley ejerciere por cuenta propia o ajena negocios iguales o similares a los que constituyen el objeto de la sociedad, perderá el derecho de examinar los libros y de enterarse de las operaciones sociales.

Concordancias

Arts. 26, 48, 55 d) y e), y 64.

ARTÍCULO 74.- Se aplicarán a esta clase de sociedades las disposiciones de las sociedades colectivas y de las sociedades anónimas, en lo que les fuere aplicable.

Concordancias

Arts. 33 y siguientes, y 102 y siguientes.

CAPÍTULO VI
DE LA SOCIEDAD DE RESPONSABILIDAD LIMITADA

ARTÍCULO 75.- En la sociedad de responsabilidad limitada los socios responderán únicamente con sus aportes, salvo los casos en que la ley amplíe esa responsabilidad.

Concordancias

Arts. 18 inciso 9), 76 y 77.

ARTÍCULO 76.- Podrán estas sociedades únicamente identificarse o individualizarse por el número de cédula jurídica y será requisito indispensable, en todo caso, el aditamento de "Sociedad de Responsabilidad Limitada" o solamente "Limitada", pudiéndose abreviar así: "S.R.L." o "Ltda.". Las personas que permitan expresamente la inclusión de su nombre o apellidos en la razón social responderán hasta por el monto del mayor de los aportes.

Concordancias

Arts. 24, 35, 37, 62, 102, 235 bis, 245-249.

ARTÍCULO 77.- En todos los documentos, facturas, anuncios o publicaciones de la sociedad, la cédula jurídica otorgada conforme al artículo anterior deberá ser precedida o seguida de las palabras "Sociedad de Responsabilidad Limitada", "Limitada" o sus abreviaturas. La omisión de este requisito hará incurrir a los socios en responsabilidad solidaria e ilimitada, por los perjuicios ocasionados a terceros con tal motivo.

Concordancia

Art. 24.

ARTÍCULO 78.- El capital social estará representado por cuotas nominativas, que sólo serán trasmisibles mediante las formalidades señaladas en este Código y nunca por endoso. Los certificados representativos de dichas cuotas se emitirán cuando los interesados lo soliciten y en ellos se hará constar que no son trasmisibles por endoso.

Todo traspaso de cuotas, para que afecte a terceros, deberá necesariamente constar en el libro de actas o registro de socios de la sociedad, o tener fecha cierta y podrá, además, inscribirse en el Registro Mercantil.

Concordancias

Arts. 85, 134, 120, 235 inciso b), 261, y 490 y siguientes.

ARTÍCULO 79.- Esta clase de sociedades no podrá constituirse por suscripción pública.

Concordancias

Arts. 81 y 105.

ARTÍCULO 80.- En el acto de la constitución de la sociedad deberá quedar suscrito el monto completo del capital social y todo socio deberá haber pagado por lo menos la cuarta parte de cada una de las cuotas que haya suscrito, obligándose a cubrir el resto en dinero efectivo, en bienes o en valores, dentro del término de un año a partir de la constitución de la sociedad. Vencido el plazo para el pago de las cuotas suscritas, la sociedad podrá compeler su cancelación por la vía ejecutiva, y constituirá título suficiente para ese efecto la certificación, en lo conducente, de la escritura de constitución.

Concordancias

Arts. 18 incisos 8) y 9), 79, 81, 104 incisos b) y c), 126 y 965.

ARTÍCULO 81.- Lo sociedad podrá aumentar su capital, cumpliendo los mismos requisitos indicados en los artículos 79 y 80. El capital podrá también ser disminuido. En ambos casos deberán hacerse la publicación e inscripción respectivas.

Concordancias

Arts. 19, 30, 31, y 235 a).

ARTÍCULO 82.- En los aumentos de capital social se observarán las mismas reglas que en la constitución de la sociedad; los socios tendrán preferencia para suscribirlo, en proporción a sus partes sociales. A este efecto, si no hubieren asistido a la Asamblea en que se acordó el aumento, deberá comunicárseles lo resuelto en la forma indicada para la convocatoria de asamblea. Si algún socio no ejerce el derecho que este artículo le confiere dentro de los quince días siguientes a la comunicación, se entenderá que renuncia a él y el aumento de capital podrá ser suscrito y pagado por los otros socios en la misma proporción indicada. El aumento podrá ser suscrito por terceros en cuanto no haya socios que lo suscriban, si se llenan los requisitos legales para su admisión como nuevos socios.

Concordancias

Arts. 80 y 139 bis.

ARTÍCULO 83.- El acuerdo que disponga reducir el capital social deberá publicarse en el periódico oficial por dos veces consecutivas; la reducción no surtirá efectos para terceros sino tres meses después de la primera publicación. Las oposiciones que oportunamente se produzcan, impedirán la reducción del capital mientras no sean retiradas, declaradas desiertas o desechadas por resolución judicial firme.

Concordancias

Arts. 19 y 31.

ARTÍCULO 84.- La disolución de la sociedad por cualquier motivo, no exonera a los socios del pago de sus cuotas, en la parte y proporción necesarias para el cumplimiento de las obligaciones sociales contraídas.

Concordancias

Arts. 101, 201 y 205.

ARTÍCULO 85.- Las cuotas sociales no podrán ser cedidas a terceros si no es con el consentimiento previo y expreso de la unanimidad de los socios, salvo que en el contrato de constitución se disponga que en estos casos baste el acuerdo de una mayoría no menor de las tres cuartas partes del capital social.

Concordancias

Arts. 38, 55 c), 78, 138, 235 b), y 312 c).
Arts. 1393-1407 C.C.

ARTÍCULO 86.- En el caso de ser rechazada la cesión propuesta, la sociedad o los socios tendrán opción por quince días para adquirir las cuotas que se desea traspasar en iguales condiciones a las ofrecidas a los terceros rechazados. Si no hace uso de la opción, se tendrá por aceptada la cesión propuesta.

ARTÍCULO 87.- La sociedad podrá adquirir sus cuotas sociales siempre que la compra la haga con sus utilidades efectivas, y mientras estén en su poder, esas cuotas no tendrán derecho a voto.

Concordancias

Arts. 27 y 129.

ARTÍCULO 88.- Para la incorporación de herederos o legatarios del socio fallecido, se llenarán los mismos requisitos que en el caso de cesión de cuotas a terceros, salvo disposición contraria de la escritura. Los herederos o legatarios rechazados podrán recurrir a un tribunal que fallará en definitiva sobre la admisión, compuesto de tres miembros independientes de la sociedad y de sus socios, nombrados, uno por la sociedad, otro por el interesado y el otro por la Cámara de Comercio.

Concordancia

Art. 85.

ARTÍCULO 89.- Las sociedades de responsabilidad limitada serán administradas por uno o varios gerentes o subgerentes, que pueden ser socios o extraños. La designación podrá hacerse en el mismo contrato social o en escritura posterior, la cual sólo tendrá efecto después de su publicación e inscripción. El nombramiento de estos funcionarios podrá hacerse por todo el plazo de la compañía o por períodos fijos que en la escritura se indicarán. En este último caso podrán ser reelectos indefinidamente por períodos iguales, sin que sea necesario publicar ni inscribir esa reelección. En todo caso, esos nombramientos podrán ser revocados en cualquier momento, por acuerdo tomado por mayoría relativa de votos.

Concordancias

Arts. 19, 39-46, 53, 54, 58, 65, 66, 72, 181 y siguientes, 208, 235 d), 189, 312 c), y 966.

ARTÍCULO 90.- Los gerentes o subgerentes no podrán realizar por cuenta propia, operaciones de las que constituyan el objeto de la sociedad, ni asumir la representación de otra persona o sociedad que ejerza el mismo comercio o industria, sin autorización expresa de todos los socios, bajo pena de perder de inmediato el cargo, y recuperar los daños y perjuicios que hubieren causado con su proceder.

Concordancias

Arts. 48, 55 d) y e), 64, y 73.

ARTÍCULO 91.- Los gerentes y subgerentes no podrán delegar sus poderes sino cuando la escritura social expresamente lo permita. La delegación que se haga contra esta disposición convierte a quien la hace en responsable solidario, con el sustituto, por las obligaciones contraídas por éste. Sin embargo, los gerentes o subgerentes podrán conferir poderes judiciales.

Concordancias

Arts. 42, 187, 235 d) y 966.
Arts. 1251 y siguientes C.C.

ARTÍCULO 92.- Cada gerente y subgerente, en su caso, responderá personal y solidariamente con la sociedad respecto a terceros, cuando desempeñare mal su mandato o violare la ley o la escritura social.

Concordancias

Arts. 100, 189 y siguientes, y 984 a).
Arts. 20-22 C.C.

ARTÍCULO 93.- La escritura social indicará si las facultades de los gerentes y subgerentes son de apoderado general o generalísimo.

Concordancias

Arts. 10, y 235 d).
Arts. 1252 y 1255 C.C.

ARTÍCULO 94.- Los socios deberán celebrar una reunión al año cuando menos, dentro de los tres meses siguientes a la finalización del año económico, con el fin de hacer el nombramiento de gerentes y subgerentes, cuando fuere del caso; conocer el inventario y balance y tomar los acuerdos necesarios para la buena marcha de la sociedad. El gerente o subgerente convocará a los socios para todas las reuniones por carta certificada o por otro medio que permita demostrar la convocatoria, con ocho días de anticipación por lo menos. El quórum se formará con cualquier número de socios que concurra. Se prescindirá del trámite de convocatoria cuando esté representada la totalidad del capital social.

Concordancias

Arts. 100, 155 b), 158, 162-167, y 173 y siguientes.

ARTÍCULO 95.- Los socios no perderán su derecho a votar por haber pignorado sus cuotas o haber sido embargadas. Si la cuota perteneciere a dos o más personas, solamente una podrá ejercer el derecho de voto. Si la nueva propiedad y el usufructo pertenecieren a diferentes personas, corresponderá el voto al usufructuario cuando se trata de resolver asuntos de administración, y en los demás casos al dueño.

Concordancias

Arts. 123, 139 bis, y 523 i).
Art. 335 C.C.

ARTÍCULO 96.- Las sociedades de responsabilidad limitada llevarán un libro de actas debidamente legalizado, en el cual se consignarán todos los acuerdos que se tomen y nombramientos que se hagan en las reuniones. Dichas actas deberán ser firmadas por los asistentes.

Concordancias

Arts. 174, 251-267.

ARTÍCULO 97.- El cambio de objeto de la sociedad y la modificación a la escritura social que imponga mayor responsabilidad a los socios, sólo podrá acordarse por unanimidad de votos y en reunión en que esté representada la totalidad del capital social. Para cualquier otra modificación de la escritura se requerirá el voto favorable de las tres cuartas partes del capital social.

Concordancias

Arts. 85, 90, 156, 166, y 170.

ARTÍCULO 98.- Los socios tendrán derecho a un número de votos igual al de cuotas que le pertenezcan. Para efectos de votación las cuotas sociales serán indivisibles.

En las reuniones podrá emitirse el voto personalmente o por medio de apoderado general, generalísimo o especial. También podrá autorizarse a un tercero mediante carta poder.

Concordancias

Arts. 32 ter, 87, 123, 146, y 912.
Arts. 1251 y siguientes C.C.

ARTÍCULO 99.- De las utilidades líquidas de cada ejercicio anual deberá destinarse un cinco por ciento a la formación de una reserva legal. Tal obligación cesará cuando esa reserva alcance al diez por ciento del capital.

Concordancias

Arts. 18 inciso 15), 30 b), y 143.

ARTÍCULO 100.- No podrán pagarse dividendos ni hacerse distribuciones de ningún género a los socios, sino sobre utilidades realizadas y líquidas. El gerente o subgerente, en su caso, serán personalmente responsables de toda distribución hecha sin comprobación previa de las ganancias realizadas, o por suma que exceda de éstas.

Concordancia

Art. 27.

ARTÍCULO 101.- Las sociedades de responsabilidad limitada no se disolverán por la muerte, interdicción o declaratoria de apertura de concurso de sus socios, salvo disposición en contrario de la escritura social. La declaratoria de concurso de la sociedad no acarrea la de sus socios, salvo en los casos regulados en la legislación concursal. En los casos de responsabilidad solidaria y personal, contemplados en este capítulo, se procederá conforme a lo dispuesto por la legislación concursal.

(Así reformado por el artículo 74.3 de la Ley No. 9957)

Concordancias

Arts. 18 inciso 16), 84, 205, y 960.
Arts. 981 y 982 C.C.

CAPÍTULO VII
DE LAS SOCIEDADES ANÓNIMAS

SECCIÓN I
DISPOSICIONES GENERALES

ARTÍCULO 102.- En la sociedad anónima, el capital social estará dividido en acciones y los socios sólo se obligan al pago de sus aportaciones.

(El párrafo segundo de este artículo, reformado por el artículo 5° de la ley No. 6965 de 22 de agosto de 1984 y cuyo texto disponía: "El monto del capital social y el valor nominal de las acciones, solo podrá expresarse en moneda nacional corriente", fue derogado por el artículo 187, inciso a), de la Ley Reguladora del Mercado de Valores No. 7732 de 17 de diciembre de 1997 y, posteriormente, declarado inconstitucional por resolución de la Sala Constitucional No. 1188-99 de las 21:30 horas del 27 de febrero de 1999).

Concordancias

Arts. 38, 78, 85, 120, y 398 y siguientes.

ARTÍCULO 103.- La forma de identificarse o individualizarse será mediante el número de cédula jurídica, el cual es propiedad exclusiva de la sociedad e irá precedida o seguida de las palabras "Sociedad Anónima" o de su abreviatura "S.A.". Para que goce de la protección del Registro de Propiedad Intelectual debe inscribir su nombre comercial conforme lo indica el artículo 245 del Código de Comercio.

Concordancias

Arts. 245 y 246.

ARTÍCULO 104.- La formación de una sociedad anónima requerirá:

a) Que haya dos socios como mínimo y que cada uno de ellos suscriba por lo menos una acción;

b) Que del valor de cada una de las acciones suscritas a cubrir en efectivo, quede pagado cuando menos el veinticinco por ciento en el acto de la constitución; y

c) Que en acto de la constitución quede pagado íntegramente el valor de cada acción suscrita que haya de satisfacerse, en todo o en parte, con bienes distintos del numerario.

Concordancias

Arts. 202, 312 c), 398 y siguientes, 107, 965, 18 inciso 9), 29 y 32.

ARTÍCULO 105.- La sociedad anónima se constituirá en escritura pública, por fundación simultánea, o por suscripción pública.

Concordancias

Arts. 79, 108 y siguientes.

ARTÍCULO 106.- La escritura social deberá expresar, además de los requisitos necesarios según el artículo 18, el número, el valor nominal, la naturaleza y la clase de acciones en que se divide el capital social. Sólo la sociedad anónima podrá emitir obligaciones.

En la escritura podrá autorizarse a la Junta Directiva para que, por una o más veces, aumente el capital hasta el límite que se establezca, y para que determine las características de las acciones correspondientes.

Asimismo, podrá autorizarse a la Junta Directiva para que disminuya el capital social, cuando la disminución fuere por cancelación de acciones rescatadas.

Concordancias

Arts. 30, 31, 120, 121, 156 a) y b).

ARTÍCULO 107.- Las aportaciones en numerario se depositarán en un banco del Sistema Bancario Nacional, a nombre de la sociedad en formación, de lo que el notario deberá dar fe. El dinero depositado será entregado únicamente a quien ostente la representación legal de la sociedad una vez inscrita ésta, o a los depositantes, si comprueban con escritura pública haber desistido de la constitución de común acuerdo.

Concordancias

Arts. 18 inciso 9), 29, 32, 835 y siguientes.

ARTÍCULO 108.- Cuando la sociedad anónima haya de constituirse por suscripción pública, los fundadores redactarán un programa que deberá contener el proyecto de escritura social, con los requisitos mencionados en el artículo 106, excepto aquéllos que por la propia naturaleza de la fundación sucesiva, no puedan consignarse en el programa.

Concordancias

Arts. 105 y 106.

ARTÍCULO 109.- Las suscripciones se recogerán por duplicado en ejemplares del programa y contendrán:

a) Nombre, nacionalidad y domicilio del suscriptor;

b) Número, expresado con letras; naturaleza, categoría y valor de las acciones suscritas;

c) Forma y términos en que el suscriptor se obligue a verificar el primer pago;

d) Determinación de los bienes distintos del numerario, cuando así hayan de pagarse las acciones;

e) Manera en que se hará la convocatoria para la asamblea general constitutiva y reglas conformes a las cuales se celebrará;

f) Fecha de suscripción; y

g) Declaración de que el suscriptor conoce y acepta el proyecto de la escritura social y de los estatutos, en su caso.

Los fundadores conservarán en su poder un ejemplar de la suscripción y entregarán el duplicado al suscriptor.

Concordancias

Arts. 115, 116, 120, 121, 110, 112, 116 b) y c), y 154.

ARTÍCULO 110.- Los suscriptores depositarán en la persona designada al efecto por los fundadores, las sumas que se hubieren obligado a pagar en dinero efectivo, de acuerdo con el inciso c) del artículo anterior, para que sean recogidas por los representantes de la sociedad una vez inscrita ésta.

Concordancias

Arts. 828, 835 y siguientes.

ARTÍCULO 111.- Las aportaciones que no sean en numerario se formalizarán al protocolizarse el acta de la asamblea constitutiva.

Concordancia

Art. 116 c).

ARTÍCULO 112.- Si un suscritor no pagare oportunamente su aporte, los fundadores podrán exigirle judicialmente el cumplimiento o tener por no suscritas las acciones y, en ambos casos, tendrán derecho al cobro de daños y perjuicios. El documento de suscripción servirá de título ejecutivo para los efectos de este artículo.

Concordancia

Art. 692 C.C.

ARTÍCULO 113.- En el programa se fijará el plazo dentro del cual deberá quedar suscrito el capital social.

ARTÍCULO 114.- Si vencido el plazo fijado en el programa, el capital social no fuere íntegramente suscrito, o por cualquier motivo no se llegare a constituir la sociedad, los suscriptores quedarán desligados de su compromiso y podrán retirar las cantidades que hubieren depositado.

Concordancia

Art. 110.

ARTÍCULO 115.- Suscrito el capital social y hechos los pagos legales, los fundadores, dentro de un plazo de quince días, harán la convocatoria para la reunión de la asamblea general constitutiva, de la manera prevista en el programa.

Concordancias

Arts. 154, 158 y 161.

ARTÍCULO 116.- La asamblea general constitutiva conocerá de los siguientes asuntos:

a) Aprobación del proyecto de escritura constitutiva, de acuerdo con el programa. En caso de que sea modificado, los suscriptores disidentes podrán retirar sus aportes;

b) Comprobación de la existencia de los pagos previstos en el respectivo proyecto;

c) Examen, y en su caso aprobación del avalúo de los bienes distintos del numerario que los socios se hubiesen obligado a aportar. Los suscriptores no tendrán derecho a voto con relación a sus propias aportaciones en especie;

d) Aprobación de la participación que los fundadores se hubiesen reservado en las utilidades; y

e) Nombramiento de los administradores, con designación de quiénes han de usar la firma social.

Concordancias

Arts. 18 inciso 9), 108, 109 c), 110, 111, 113, 118, 119, 148 y siguientes, 154, 155 c), y 182.

ARTÍCULO 117.- Aprobada por la asamblea general la constitución de la sociedad, se procederá a la protocolización del pacto social para su inscripción en el Registro Mercantil.

Concordancias

Arts. 19 y 235 a).

ARTÍCULO 118.- Será nulo cualquier pacto en que los fundadores estipulen a su favor, en el acto de la constitución de la sociedad o posteriormente, beneficios que menoscaben el capital social.

Concordancias

Arts. 116 b), 119, 148 y siguientes.

ARTÍCULO 119.- La participación que se conceda a los fundadores de una sociedad anónima en sus utilidades anuales, no podrá exceder del diez por ciento de las mismas, ni extenderse por un período mayor de diez años.

Para acreditar la participación correspondiente a cada fundador, podrán expedirse "bonos de fundador".

Concordancias

Arts. 148-151.

SECCIÓN II
DE LAS ACCIONES

ARTÍCULO 120.- La acción es el título mediante el cual se acredita y transmite la calidad de socio. Las acciones comunes —también llamadas ordinarias— otorgan idénticos derechos y representan partes iguales del capital social. Está prohibida la emisión de acciones sin valor. Tanto las acciones comunes como las preferentes u otros títulos patrimoniales podrán ser emitidos en moneda nacional o extranjera y deberán ser nominativos.

(Así reformado por el artículo 6° de la ley No. 9068 del 10 de setiembre del 2012, "Ley para el cumplimiento del estándar de Transparencia Fiscal")

Concordancias

Arts. 140, 687, 102, 132.

ARTÍCULO 121.- Además de las acciones comunes, la sociedad tendrá amplia facultad para autorizar y para emitir una o más clases de acciones y títulos-valores, con las designaciones, preferencias, privilegios, restricciones, limitaciones y otras modalidades que se estipulen en la escritura social y que podrán referirse a los beneficios, al activo social, a determinados negocios de la sociedad, a las utilidades, al voto, o a cualquier otro aspecto de la actividad social.

Concordancias

Arts. 106, 122, 139, 145 y 180.

ARTÍCULO 122.- No producirán ningún efecto legal las estipulaciones que excluyan a uno o más socios tenedores de acciones comunes de la participación en las ganancias.

Concordancias

Arts. 25.
Art. 1205 b) C.C.

ARTÍCULO 123.- Las acciones son indivisibles. Cuando haya varios propietarios de una misma acción, nombrarán un representante común y si no se pusieren de acuerdo, el nombramiento será hecho por el juez competente, por los trámites de jurisdicción voluntaria. El representante común no podrá enajenar o gravar la acción, sino de acuerdo con las disposiciones del Código Civil en materia de copropiedad. Los copropietarios responderán solidariamente a la sociedad, de las obligaciones inherentes a las acciones.

Concordancias

Arts. 95 y 98.
Arts. 270-274 C.C.
Arts. 177 y 178 C.P.C.

ARTÍCULO 124.- Ninguna acción será liberada en tanto no esté pagada íntegramente.

Concordancias

Arts. 133, 137 b) y 142

ARTÍCULO 125.- Las acciones que no estén íntegramente pagadas serán nominativas. Los adquirentes de acciones no pagadas serán solidariamente responsables con el cedente, por el importe insoluto de las mismas.

Concordancias

Arts. 490 y siguientes, y 965.

ARTÍCULO 126.- Cuando hubiere un saldo en descubierto y estuviere vencido el plazo en que deba pagarse, la sociedad procederá a exigir su pago o bien a vender las acciones extrajudicialmente.

Concordancias

Arts. 22 y 965.

ARTÍCULO 127.- El producto de la venta a que se refiere el artículo anterior se aplicará a cubrir la deuda y si excediere del monto de ésta, se cubrirán también los gastos de la venta y los intereses legales sobre lo adeudado. El remanente se entregará al antiguo accionista, si lo reclamare dentro del plazo de un año contado a partir de la fecha de la venta; de lo contrario quedará a beneficio de la sociedad.

Concordancias

Arts. 32 y 497.

ARTÍCULO 128.- Si no hubiere sido posible efectuar la venta dentro del plazo de tres meses a partir de la fecha en que debió hacerse el pago, las acciones quedarán anuladas y el accionista perderá todo derecho a sus aportes, que quedarán a beneficio de la sociedad, la cual podrá emitir las acciones de nuevo.

Concordancia

Art. 32.

ARTÍCULO 129.- La sociedad no podrá adquirir, a título oneroso, acciones representativas a su propio capital, si no es mediante autorización previa de la asamblea de accionistas, con sumas provenientes de utilidades netas resultantes de un balance legalmente aprobado, siempre que se trate de acciones totalmente liberadas. En ningún caso la sociedad podrá ser dueña de más del cincuenta por ciento (50%) de su propio capital.

Para que la sociedad adquiera sus propias acciones a título gratuito, sólo se requiere que éstas estén totalmente liberadas.

El ejercicio de los derechos inherentes a las acciones quedará en suspenso mientras pertenezcan a la sociedad. Si transcurrido un año desde la adquisición, la sociedad no ha enajenado sus propias acciones, deberá reducir su capital proporcionalmente a los títulos que posea.

Las limitaciones establecidas en el primer párrafo de este artículo, no se aplicarán a la adquisición de acciones propias que se haga, en virtud de un acuerdo de asamblea en que se disponga la disminución de capital mediante el rescate y eliminación de acciones.

La adquisición que no cumpla con los requisitos legales será absolutamente nula, sin perjuicio de la acción de responsabilidad que pudiera ejercer contra los administradores.

Concordancias

Arts. 27, 31, 87, 106 y 189.

ARTÍCULO 130.- DEROGADO.

(Derogado por el artículo 9° de la ley No. 7201 del 10 de octubre de 1990)

ARTÍCULO 131.- El ejercicio de los derechos y obligaciones inherentes a la acción, se regirá por las disposiciones de este capítulo, por las de la escritura social y en su defecto, por las disposiciones de este Código relativas a títulos-valores, en cuanto fueren compatibles con su naturaleza.

Concordancia

Art. 685.

ARTÍCULO 132.- DEROGADO.

(Derogado por el artículo 16 aparte a) de la ley No. 9068 del 10 de setiembre del 2012, "Ley para el cumplimiento del estándar de Transparencia Fiscal")

ARTÍCULO 133.- Las acciones deberán estar expedidas dentro de un plazo que no exceda de dos meses, contado a partir de la fecha en que queden pagadas y fueren solicitadas por el interesado. Entre tanto, podrán emitirse certificados provisionales en los que se harán constar los pagos que haya hecho el accionista, y que deberán canjearse oportunamente por las acciones definitivas.

Concordancias

Arts. 104 b), 124 y 136.

ARTÍCULO 134.- Las acciones y los certificados deberán contener:

a) La denominación, domicilio y duración de la sociedad;

b) La fecha de la escritura, el nombre del notario que la autorizó y los datos de la inscripción en el Registro Público;

c) El nombre del socio.

(Así reformado el inciso anterior por el artículo 7° de la ley No. 9068 del 10 de setiembre del 2012, "Ley para el cumplimiento del estándar de Transparencia Fiscal")

d) El importe del capital autorizado o pagado y el número total y el valor nominal de las acciones;

e) La serie, número y clase de la acción o del certificado, con indicación del número total de acciones que ampara; y

f) La firma de los administradores que conforme a la escritura social deban suscribir el documento.

Concordancias

Arts. 18 incisos 6), 7) y 10), 103, 245, 120, 100, 121 y 135.

ARTÍCULO 135.- Los certificados provisionales y los títulos definitivos podrán amparar una o varias acciones.

Transitorio. Los certificados definitivos que se hubieran emitido con fundamento en el texto que tenía el artículo 135 antes de la reforma introducida por esta ley, o en la legislación anterior, continuarán teniendo igual valor que los títulos definitivos o que las acciones propiamente dichas.

(Así reformado, al igual que el Transitorio, por el artículo 1° de la ley No. 5216 de 22 de junio de 1973)

Concordancia

Art. 134.

ARTÍCULO 136.- Los accionistas podrán exigir judicialmente la expedición de los certificados provisionales y, en su caso, la de los títulos definitivos, al concluirse los plazos previstos en la escritura social o en su defecto los legales.

Concordancia

Arts. 177 y 178 C.P.C.

ARTÍCULO 137.- Las sociedades anónimas llevarán los registros necesarios en que anotarán:

(Así reformado el párrafo anterior por el artículo 8 de la ley No. 9068 del 10 de setiembre del 2012, "Ley para el cumplimiento del estándar de Transparencia Fiscal")

a) El nombre, la nacionalidad y el domicilio del accionista; la cantidad de acciones que le pertenezcan, expresando los números, series, clases y demás particularidades;

b) Los pagos que se efectúen;

c) Los traspasos que se realicen;

d)

(Derogado por el artículo 16 aparte b) de la ley No. 9068 del 10 de setiembre del 2012, "Ley para el cumplimiento del estándar de Transparencia Fiscal")

e) Los canjes y las cancelaciones; y

f) Los gravámenes que afecten las acciones.

Concordancias

Arts. 32, 32 bis, 126-128, 261-264, 120, 140, 121, 687, 104 b), 124, 252-254, 490 y siguientes, 698 y siguientes, 694, 533 i).
Art. 1100 C.C.

ARTÍCULO 138.- En la escritura social podrá pactarse que la trasmisión de las acciones nominativas sólo se haga con autorización del consejo de administración. Esta cláusula se hará constar en el texto de los títulos.

El titular de estas acciones que desee trasmitirlas, deberá comunicarlo por escrito a la administración social, la cual, dentro del plazo estipulado en la escritura social, autorizará o no el traspaso designado, en este último caso, un comprador al precio corriente de las acciones en bolsa, o en defecto de éste, por el que se determine pericialmente. El silencio del consejo administrativo equivaldrá a la autorización.

La sociedad podrá negarse a inscribir el traspaso que se hubiese hecho sin estar autorizado.

Cuando estos títulos sean adjudicados judicialmente, el adjudicatario deberá ponerlo en conocimiento de la sociedad, para que ésta pueda hacer uso de los derechos que este precepto le confiere; y si no lo hiciere, la sociedad podrá proceder en la forma que se establece en los párrafos anteriores.

Lo dispuesto en este artículo no será aplicable cuando se trate de sociedades cuyas acciones se encuentren inscritas en el Registro Nacional de Valores e Intermediarios, y se coticen por medio de una bolsa de valores autorizada.

(Así adicionado este párrafo final por el artículo 187, inciso c), de la Ley Reguladora del Mercado de Valores No. 7732 de 17 de diciembre de 1997)

Concordancias

Arts. 18 inciso 19), 55 c), 85, 134, 490 y siguientes, y 687 y siguientes.

ARTÍCULO 139.- Cada acción común tendrá derecho a un voto. En el acto constitutivo no podrán establecerse restricciones totales o parciales a ese derecho, sino respecto de acciones que tengan privilegios en cuanto a la repartición de utilidades o reembolso de la cuota de liquidación, pero no podrá limitárseles a éstas el derecho de voto en asambleas extraordinarias, ni en lo referido en el artículo 147. Se prohíbe la emisión de acciones de voto plural.

Concordancias

Arts. 121, 145 y 147.

ARTÍCULO 139 bis.- En caso de pignoración de acciones, el derecho de voto corresponde al socio, tanto en asambleas ordinarias como extraordinarias, salvo pacto en contrario, al acreedor pignoraticio en asambleas ordinarias y al socio de las extraordinarias.

En caso de usufructo de las acciones, el derecho de voto corresponde, salvo pacto en contrario, al usufructuario en asambleas ordinarias y al nudo propietario en las extraordinarias.

En los dos casos anteriores, el derecho de suscripción preferente corresponde siempre al socio. Si tres días antes del vencimiento del plazo, el socio no consignare las sumas necesarias para el ejercicio del derecho de opción, éste deberá ser enajenado por cuenta del socio por medio de un agente de bolsa, o de un agente libre.

Concordancias

Arts. 533 i).
Art. 335 C.C.

SECCIÓN III
DE LA CALIDAD DE SOCIO

ARTÍCULO 140.- La sociedad considerará como socio al inscrito como tal en los registros de accionistas.

(Así reformado por el artículo 9° de la ley No. 9068 del 10 de setiembre del 2012, "Ley para el cumplimiento del estándar de Transparencia Fiscal")

Concordancias

Arts. 120, 687, 132, 137, 688 y 712.

ARTÍCULO 141.- Todo socio tiene derecho a pedir que la asamblea general se reúna para la aprobación del balance anual y delibere sobre la distribución de las utilidades que resultaren del mismo.

Concordancias

Arts. 155 a) y b), 159-161.

ARTÍCULO 142.- La distribución de las utilidades se hará conforme con lo dispuesto en la escritura social y en el artículo 27 de este Código.

Las acciones recibirán sus utilidades en proporción al importe pagado por ellas.

Concordancias

Arts. 18 inciso 14), 25, 27, 104 b), 122, 143, 155 b) y 401.
Art. 1201-1203 C.C.

ARTÍCULO 143.- De las utilidades netas de cada ejercicio anual deberá destinarse un cinco por ciento (5%) para la formación de un fondo de reserva legal, obligación que cesará cuando el fondo alcance el veinte por ciento (20%) del capital social. Si una vez hecha esa reserva, y las previstas en la escritura social, la asamblea acordare distribuir utilidades, los accionistas adquirirán, frente a la sociedad, un derecho para el cobro de los dividendos que les correspondan.

Si el pago hubiere sido acordado en dinero efectivo, podrá cobrarse a su vencimiento en la vía ejecutiva. Servirá de título ejecutivo la certificación del respectivo acuerdo.

Acordada la distribución de dividendos, la sociedad deberá pagarlos dentro de los tres meses siguientes a la clausura de la asamblea.

Concordancias

Arts. 18 incisos 14) y 15), 25, 27, 99, 122, 155 b) y 401.
Arts. 1201-1203 C.C.

ARTÍCULO 144.- Los socios recibirán sus dividendos en dinero efectivo, salvo que la escritura social disponga lo contrario.

Concordancias

Arts. 828, 835 y 836.

ARTÍCULO 145.- Podrán establecerse en la escritura social restricciones totales o parciales al derecho de voto de los títulos o accionistas no comunes, pero en ningún caso se les privará de ese derecho en las asambleas extraordinarias que se reúnan para modificar la duración, o la finalidad de la sociedad, para acordar su fusión con otra o para establecer el domicilio social fuera del territorio de la República.

(NOTA: este artículo ha sido reformado tácitamente por la Ley No. 7201 de 10 de octubre de 1990, en lo referente a restricciones al derecho de voto. Véase el artículo 139 y el dictamen de la Procuraduría General de la República C-120-92 de 3 de agosto de 1992)

Concordancias

Arts. 121 y 139.

ARTÍCULO 146.- Los accionistas podrán hacerse representar en las asambleas por apoderado generalísimo o general o por carta poder otorgada a cualquier persona, sea socia o no.

Concordancias

Arts. 98, 183 y 912.
Arts. 1253-1256 C.C.

ARTÍCULO 147.- Cuando existan diversas clases o categorías de acciones, cualquier proposición que tienda a eliminar o modificar los privilegios de una de ellas, deberá ser aprobada por los accionistas de la categoría afectada, reunida en asamblea especial.

Concordancias

Arts. 121, 139, 145 y 154.

SECCIÓN IV
DE OTROS TÍTULOS DE PARTICIPACIÓN

ARTÍCULO 148.- Los bonos de fundador sólo confieren el derecho de percibir la participación en las utilidades que en ellos se expresa y por el tiempo que ellos indiquen. No dan derecho a intervenir en la administración de la sociedad, ni podrán convertirse en acciones, ni representan participación en el capital social.

Concordancias

Arts. 118, 119 Y 181.

ARTÍCULO 149.- Los bonos de fundador deberán ser nominativos y deberán contener:

(Así reformado el párrafo anterior por el artículo 10 de la Ley No. 9068 del 10 de setiembre del 2012, "Ley para el cumplimiento del estándar de Transparencia Fiscal")

a) La expresión "bono de fundador" con caracteres visibles;

b) La denominación de la sociedad, domicilio, duración y capital; fecha de la escritura, notario ante quien se otorgó y la cita de su inscripción en el Registro Mercantil;

c) El número del bono con indicación del total de los emitidos;

d) La participación que le corresponde en las utilidades y el tiempo durante el cual ha de ser pagada; y

e) La firma de los administradores que deban suscribir el documento conforme a la escritura.

Concordancias

Arts. 119 y 235.

ARTÍCULO 150.- Los tenedores de bonos de fundador tendrán derecho al canje de sus títulos por otros que representen fracciones menores, siempre que la participación total de los nuevos bonos sea idéntica a la de los canjeados.

ARTÍCULO 151.- Son aplicables a los bonos de fundador, en cuanto sean compatibles con su naturaleza, las disposiciones relativas a los títulos-valores.

Concordancias

Arts. 131, 667 y siguientes, y 685.

SECCIÓN V
DE LAS ASAMBLEAS DE ACCIONISTAS

ARTÍCULO 152.- Las asambleas de accionistas legalmente convocadas son el órgano supremo de la sociedad y expresan la voluntad colectiva en las materias de su competencia.

Las facultades que la ley o la escritura social no atribuyan a otro órgano de la sociedad, serán de la competencia de la asamblea.

ARTÍCULO 153.- Las asambleas de accionistas son generales y especiales. Las generales podrán estar integradas por la totalidad de los socios; las especiales, sólo por socios que tengan derechos particulares; las generales son ordinarias o extraordinarias.

Concordancias

Arts. 121, 147, 155 y 156.

ARTÍCULO 154.- Son asambleas ordinarias las que se reúnan para tratar de cualquier asunto que no sea de los enumerados en el artículo 156.

Las asambleas constitutivas, las extraordinarias y las especiales se regirán, en lo aplicable, por las normas de las ordinarias, salvo que la ley disponga otra cosa.

Concordancias

Arts. 156, 116, 147, 155, 192, 855.

ARTÍCULO 155.- Se celebrará una asamblea ordinaria por lo menos una vez al año, dentro de los tres meses siguientes a la clausura del ejercicio económico, la cual deberá ocuparse, además de los asuntos incluidos en el orden del día, de los siguientes:

a) Discutir y aprobar o improbar el informe sobre los resultados del ejercicio anual que presenten los administradores, y tomar sobre él las medidas que juzgue oportunas;

b) Acordar en su caso la distribución de las utilidades conforme lo disponga la escritura social;

c) En su caso, nombrar o revocar el nombramiento de administradores y de los funcionarios que ejerzan vigilancia; y

d) Los demás de carácter ordinario que determine la escritura social.

Concordancias

Arts. 197 a), 27, 32 bis, 141-144, 159-161, 169, 171, 181 y siguientes, y 235 e). Art. 1201 C.C.

ARTÍCULO 156.- Son asambleas extraordinarias las que se reúnan para:

a) Modificar el pacto social;

b) Autorizar acciones y títulos de clases no previstos en la escritura social; y

c) Los demás asuntos que según la ley o la escritura social sean de su conocimiento.

Estas asambleas podrán reunirse en cualquier tiempo.

Concordancias

Arts. 32 ter, 201, 221, 225, 106, 121, 212, 170 y 171.

ARTÍCULO 157.- La asamblea podrá designar ejecutores especiales de sus acuerdos.

Concordancia

Art. 192.

ARTÍCULO 158.- La asamblea deberá ser convocada en la forma y por el funcionario u organismo que indica en la escritura social, y a falta de disposición expresa, por aviso publicado en "La Gaceta".

Se prescindirá de la convocatoria cuando, estando reunida la totalidad de los socios, acuerden celebrar asamblea y se conformen expresamente con que se prescinda de dicho trámite, lo que se hará constar en el acta que habrán de firmar todos.

Concordancias

Arts. 94, 161, 163, 164, 173, 174, 197 e).

ARTÍCULO 159.- El accionista o accionistas que representen por lo menos el veinticinco por ciento del capital social podrán pedir por escrito a los administradores en cualquier tiempo, la convocatoria de una asamblea de accionistas, para tratar de los asuntos que indiquen en su petición.

Concordancias

Arts. 79, 235, 479 y 480.

ARTÍCULO 160.- La petición a que se refiere el artículo anterior podrá ser hecha por el titular de una sola acción, en los casos siguientes:

a) Cuando no se haya celebrado ninguna asamblea durante dos ejercicios consecutivos; y

b) Cuando las asambleas celebradas durante ese tiempo no se hayan ocupado de los asuntos que indica el artículo 155.

Concordancias

Arts. 32 bis, 141, 158, 161, 163 y 164.

ARTÍCULO 161.- En los casos de los dos artículos anteriores, si los administradores rehusaran hacer la convocatoria, o no la hicieran dentro de los quince días hábiles siguientes a aquel en que los administradores hayan recibido la solicitud por escrito, esta se podrá formular ante un juez competente para que haga la convocatoria, previo traslado de la petición a los administradores y siguiendo los trámites establecidos para los actos de jurisdicción voluntaria.

De igual manera, la solicitud de convocatoria a asamblea se podrá tramitar ante un notario público en las mismas condiciones indicadas en el párrafo anterior. Para efectos de dicha verificación, el notario público deberá acudir al fiscal de la sociedad, para que este confirme los supuestos de los dos artículos anteriores y emita, mediante una certificación, en un plazo no mayor a cinco días hábiles a partir de la recepción de la solicitud, que contenga la correspondiente verificación. En el caso de que no se reciba respuesta en el plazo indicado, el notario procederá a realizar la convocatoria.

Dicha convocatoria se realizará conforme a lo establecido en la escritura social de la sociedad y, necesariamente, mediante aviso publicado en el diario oficial La Gaceta, esto con la anticipación que fije la escritura social o, en su defecto, quince días hábiles antes de la fecha a celebrarse la Asamblea de Socios. El notario público deberá confeccionar, además, un expediente aparte y registrar todas las actuaciones realizadas. El notario público se encontrará habilitado para cursar la convocatoria al fiscal de la sociedad, de conformidad con las atribuciones otorgadas por este Código; dicho acto no paralizará la convocatoria a la Asamblea de Socios.

Tanto el juez competente como el notario público deberán convocar debidamente a la totalidad de los accionistas, indicándoles la fecha, el lugar y la hora de la Asamblea de Socios.

Concordancias

Arts. 141, 164 y 197 e).
Arts. 177 y 178 C.P.C

ARTÍCULO 162.- Las asambleas podrán celebrarse dentro o fuera del país, en el lugar que determine la escritura social y en su defecto en el domicilio de la sociedad.

Concordancia

Art. 18 inciso 19).

ARTÍCULO 163.- El orden del día deberá contener la relación de los asuntos que serán sometidos a la discusión y aprobación de la asamblea, y será redactado por quien haga la convocatoria.

Quienes tengan derecho a pedir la convocatoria de la asamblea, lo tienen también para pedir que figuren determinados puntos en el orden del día.

Concordancias

Arts. 26, 141, 150, 159, 160, 172, 173 y 216 c).

ARTÍCULO 164.- La convocatoria para asamblea se hará con la anticipación que fije la escritura social, o en su defecto quince días antes de la fecha señalada para la reunión, salvo lo dicho en los artículos 159 y 161.

En este plazo no se computará el día de publicación de la convocatoria, ni el de la celebración de la asamblea. Durante este tiempo, los libros y documentos relacionados con los fines de la asamblea estarán en las oficinas de la sociedad, a disposición de los accionistas.

Si en la escritura social se hubiere subordinado el ejercicio de los derechos de participación, al depósito de los títulos de las acciones con cierta anticipación, la convocatoria se hará con un plazo que permita a los accionistas disponer por lo menos de una semana para practicar el depósito en cuestión.

Concordancias

Arts. 159, 161, 26, 94, 158, 159, 172, 173 y 216 c).

ARTÍCULO 165.- La primera y segunda convocatoria pueden hacerse simultáneamente, para oportunidades que estarán separadas, cuando menos, por el lapso de una hora.

ARTÍCULO 166.- En una misma asamblea se podrán tratar asuntos de carácter ordinario y extraordinario, si la convocatoria así lo expresare.

Concordancias

Arts. 154 y 163.

ARTÍCULO 167.- Los accionistas podrán acordar la continuación de la asamblea en los días inmediatos siguientes, hasta la conclusión del orden del día.

ARTÍCULO 168.- Salvo estipulación contraria de la escritura social, las asambleas ordinarias o extraordinarias serán presididas por el presidente del consejo de administración; y a falta de éste, por quien designen los accionistas presentes; actuará como secretario el del consejo de administración, y en su defecto, los accionistas presentes elegirán uno ad-hoc.

Concordancias

Arts. 147 y 154.

ARTÍCULO 169.- Para que una asamblea ordinaria se considere legalmente reunida en primera convocatoria, deberá estar representada en ella, por lo menos la mitad de las acciones con derecho a voto; y las resoluciones sólo serán válidas cuando se tomen por más de la mitad de los votos presentes.

Concordancias

Arts. 94, 129, 139, 145-147, y 154.

ARTÍCULO 170.- Salvo que en la escritura social se fije una mayoría más elevada, en las asambleas extraordinarias deberán estar representadas, para que se consideren legalmente reunidas en primera convocatoria, por lo menos las tres cuartas partes de las acciones con derecho a voto; y las resoluciones se tomarán válidamente por el voto de las que representen más de la mitad de la totalidad de ellas.

Concordancias

Arts. 120, 140, 687, 97, 129, 139, 145, 146 y 156.

ARTÍCULO 171.- Si la asamblea ordinaria o extraordinaria se reuniere en segunda convocatoria, se constituirá válidamente cualquiera que sea el número de acciones representadas, y las resoluciones habrán de tomarse por más de la mitad de los votos presentes.

Concordancias

Arts. 79, 235, 479 y 480.

ARTÍCULO 172.- A solicitud de quienes reúnan el veinticinco por ciento de las acciones representadas en una asamblea, se aplazará, por un plazo no mayor de tres días y sin necesidad de nueva convocatoria, la votación de cualquier asunto respecto del cual no se consideren suficientemente informados. Este derecho podrá ejercitarse sólo una vez para el mismo asunto.

Concordancias

Arts. 26, 163, 164, 173, y 216 c).

ARTÍCULO 173.- Los accionistas podrán solicitar, durante la celebración de la asamblea, todos los informes y aclaraciones que estimen necesarios acerca de los asuntos comprendidos en el orden del día. Los administradores estarán obligados a proporcionárselos, salvo en los casos en que, a juicio del presidente, la publicidad de los datos solicitados perjudique los intereses sociales. Esta excepción no procederá cuando la solicitud provenga de accionistas que representen, por lo menos, el veinte por ciento (20%) del capital social o el porcentaje menor fijado en los estatutos.

La persona a quien se le haya denegado información, podrá pedir que tanto su petición como los motivos aducidos para denegarla figuren en el acta.

A las asambleas deberán asistir, por lo menos, un consejero, o un administrador y un fiscal de la sociedad; de lo contrario, la asamblea podrá aplazarse por una sola vez, de conformidad con el artículo anterior.

Concordancias

Arts. 26, 163, 164, 172, 197 h) y 216 c).

ARTÍCULO 174.- Las actas de las asambleas de accionistas se asentarán en el libro respectivo y deberán ser firmadas por el presidente y el secretario de la asamblea. De cada asamblea se formará un expediente con copia del acta, con los documentos que justifiquen la legalidad de las convocatorias y aquéllos en que se hubieren hecho constar las representaciones acreditadas.

Concordancias

Art. 146, 158, 168, 197 b), 251-254, 259 y 262-267.

ARTÍCULO 175.- Las resoluciones legalmente adoptadas por las asambleas de accionistas serán obligatorias aun para los ausentes o disidentes, salvo los derechos de oposición que señala este Código.

Concordancias

Arts. 32 bis, 176-178.

ARTÍCULO 176.- Serán nulos los acuerdos de las asambleas:

a) Cuando la sociedad no tuviere capacidad legal para adoptarlos;

b) Cuando se tomaren con infracción de lo dispuesto en este capítulo; y

c) Cuando fueren incompatibles con la naturaleza de la sociedad anónima, o violaren disposiciones dictadas para la protección de los acreedores de la sociedad o en atención al interés público.

Concordancias

Arts. 18 inciso 5), 209, 637, 102, 214 b).
Arts. 35 y 77 C.P.C.

ARTÍCULO 177.- La acción de nulidad a que da derecho el artículo anterior se regirá por las disposiciones del derecho común, y prescribirá en un año, contado desde la fecha en que se adoptó el acuerdo o de su inscripción en el Registro Mercantil, si esta inscripción fuere necesaria.

Concordancias

Arts. 235 y 984 a).
Arts. 835 y 837 C.C.

ARTÍCULO 178.- Los socios podrán también pedir la nulidad de los acuerdos no comprendidos en el artículo 176, llenando los siguientes requisitos:

a) Que la demanda señale la cláusula de la escritura social o el precepto legal infringido y en qué consiste la violación;

b) Que el socio o los socios demandantes no hayan concurrido a la asamblea o hayan dado su voto en contra de la resolución; y

c) Que la demanda se presente dentro del mes siguiente a la fecha de clausura de la asamblea.

Concordancias

Arts. 176 y 984 a).
Arts. 836 y 838 C.C.
Arts. 35 y 77 C.P.C.

ARTÍCULO 179.- Para resolver sobre las acciones de nulidad de los acuerdos, será competente el Juez del domicilio de la sociedad.

Concordancias

Arts. 7 y 8 C.P.C.

ARTÍCULO 180.- Los accionistas, de cualquier clase que sean, tendrán los mismos derechos para los efectos del ejercicio de las acciones de nulidad.

Concordancia

Art. 121.

SECCIÓN VI
DE LA ADMINISTRACIÓN Y DE LA REPRESENTACIÓN DE LA SOCIEDAD

ARTÍCULO 181.- Los negocios sociales serán administrados y dirigidos por un consejo de administración o una junta directiva, que deberá estar formada por un mínimo de tres miembros, quienes podrán ser o no socios y ostentar las calidades de presidente, secretario y tesorero. Salvo norma contraria en los estatutos, en la elección de consejeros, los accionistas ejercerán su voto por el sistema de voto acumulativo, así:

a) Cada accionista tendrá un mínimo de votos igual al que resulte de multiplicar los votos que normalmente le hubiesen correspondido, por el número de consejeros por elegirse.

b) Cada accionista podrá distribuir o acumular sus votos en un número de candidatos igual o inferior al número de vacantes por cubrir, en la forma que juzgue conveniente.

c) El resultado de la votación se computará por persona.

El Consejo no podrá renovarse parcial ni escaladamente, si de esta manera se impide el ejercicio del voto acumulativo.

Concordancias

Arts. 18 incisos 11), 12), 312 d), y 966.

ARTÍCULO 182.- La representación judicial y extrajudicial de la sociedad corresponderá al presidente del consejo de administración, así como a los consejeros que se determinen en la escritura social, quienes tendrán las facultades que allí se les asignen.

Concordancias

Arts. 1255, 1259 y 1264 C.C.
Art. 19.2 C.P.C.

ARTÍCULO 183.- El cargo de consejero es personal y no podrá desempeñarse por medio de representante; el nombramiento respectivo es revocable.

Concordancias

Arts. 146, 155 c), y 312 d).

ARTÍCULO 184.- Salvo pacto en contrario, será presidente del consejo el consejero primeramente nombrado y, en defecto de éste, presidirá las sesiones el que le siga en el orden de la designación.

Para que el consejo de administración funcione legalmente deberán estar presentes por lo menos la mitad de sus miembros, y sus resoluciones será válidas cuando sean tomadas por la mayoría de los presentes. En caso de empate, quien actúe como presidente del consejo decidirá con doble voto.

La escritura social o los estatutos determinarán la forma de convocatoria del consejo, el lugar de reunión, la forma en que se llevarán las actas, y demás detalles sobre el funcionamiento del consejo.

Las irregularidades en el funcionamiento del consejo no perjudicarán a terceros de buena fe, sin perjuicio de la responsabilidad de los consejeros ante la sociedad.

Concordancias

Arts. 192, 197 b) y g), 260, y 984 a).

ARTÍCULO 185.- La escritura social señalará la forma en que se llenarán las vacantes temporales o definitivas de los consejeros. En su defecto deberá convocarse inmediatamente a asamblea general.

Los consejeros serán nombrados por un plazo fijo que señalará la escritura, la cual podrá además disponer el nombramiento de consejeros suplentes.

ARTÍCULO 186.- Concluido el plazo para el que hubieren sido designados, los consejeros continuarán en el desempeño de sus funciones hasta el momento en que sus sucesores puedan ejercer legalmente sus cargos.

ARTÍCULO 187.- El consejo de administración, o quienes ejerzan la representación social, podrán, dentro de sus respectivas facultades, nombrar funcionarios, tales como gerentes, apoderados, agentes o representantes, con las denominaciones que se estimen adecuadas, para atender los negocios de la sociedad o aspectos especiales de éstos y que podrán ser o no accionistas.

Los funcionarios mencionados en el párrafo anterior tendrán las atribuciones que les fijen la escritura social, los estatutos, los reglamentos, o el respectivo acuerdo de nombramiento.

Concordancias

Arts. 18 inciso 13), 91, 235 c), y 312 d).

ARTÍCULO 188.- Es atribución del consejo de administración dictar los estatutos y reglamentos de la sociedad.

ARTÍCULO 189.- Los consejeros y demás administradores deben cumplir los deberes que les imponen la ley y los estatutos con la diligencia del mandatario y son solidariamente responsables frente a la sociedad de los daños derivados por la inobservancia de tales deberes, a menos que se trate de atribuciones propias de uno o varios consejeros o administradores.

Los consejeros y demás administradores están obligados a cumplir con el deber de diligencia y lealtad, actuando en el mejor interés de la empresa, teniendo en cuenta el interés de la sociedad y de los accionistas, y son solidariamente responsables frente a la sociedad de los daños derivados por la inobservancia de tales deberes.

Los consejeros o administradores son solidariamente responsables si no hubieran vigilado la marcha general de la gestión o si estando en conocimiento de actos perjudiciales no han hecho lo posible por impedir su realización o por eliminar o atenuar sus consecuencias.

Sin embargo, no habrá responsabilidad cuando el consejero o administrador hubiera procedido en ejecución de acuerdos de la asamblea de accionistas, siempre que no fueran notoriamente ilegales o contrarios a normas estatutarias o reglamentarias de la sociedad.

La responsabilidad por los actos o las acciones de los consejeros o administradores no se extiende a aquel que, estando inmune de culpa, haya hecho anotar, por escrito, sin retardo, un disentimiento y dé inmediata noticia de ello, también por escrito, al fiscal, así como tampoco será responsable aquel consejero que haya estado ausente en el acto de deliberación.

Los consejeros y demás administradores serán solidariamente responsables, conjuntamente con sus inmediatos antecesores, por las irregularidades en que estos hubieran incurrido en una gestión, si en el momento de conocerlas no las denuncia por escrito al fiscal.

(Así reformado por la Ley de Protección al Inversionista Minoritario No. 9392)

Concordancias

Arts. 32 ter, 208, 966, y 984 a).

ARTÍCULO 190.- DEROGADO.

(Derogado por el artículo 9º de la ley No. 7201 del 10 de octubre de 1990)

ARTÍCULO 191.- La responsabilidad de los administradores frente a la sociedad se extinguirá:

a) Por la aprobación del balance respecto de las operaciones explícitamente contenidas en el mismo o en sus anexos, salvo que esa aprobación se hubiere dado en virtud de datos no verídicos o con reservas expresas sobre el particular o se hubiere acordado ejercer la acción de responsabilidad;

b) Por la aprobación de la gestión, o por renuncia expresa acordada por la asamblea general; y

c) Cuando los consejeros hubieren procedido en cumplimiento de acuerdos de la asamblea general, que no fueren notoriamente ilegales.

Concordancias

Arts. 155 a), 192, 189, 984 a).
Arts. 101 y siguientes C.P.C.

ARTÍCULO 192.- La responsabilidad de los administradores sólo podrá ser exigida por acuerdo de la asamblea general de accionistas, la cual designará a la persona que haya de ejercer la acción correspondiente.

Concordancias

Arts. 154, 157 y 984 a).
Arts. 101 y siguientes C.P.C.

SECCIÓN VII
DE LA VIGILANCIA DE LA SOCIEDAD

ARTÍCULO 193.- El sistema de vigilancia de las sociedades anónimas será potestativo y se hará constar en la escritura social.

Concordancias

Arts. 155 c) y 312 d).

ARTÍCULO 194.- No obstante lo dicho en el artículo anterior, la vigilancia de las sociedades que formen su capital por suscripción pública se hará de acuerdo con las normas que se establecen en los siguientes artículos.

Concordancias

Arts. 105, 193, y 108 y siguientes.

ARTÍCULO 195.- La vigilancia de las sociedades anónimas mencionadas en el artículo anterior, estará a cargo de uno o varios fiscales que pueden ser o no socios.

Salvo disposición en contrario, su nombramiento será de un año.

Concordancia

Art. 312 d).

ARTÍCULO 196.- No podrán ser nombrados para el cargo de fiscales:

a) Quienes conforme a la ley, estén inhabilitados para ejercer el comercio;

b) Los que desempeñen otro cargo en la sociedad; y

c) Los cónyuges de los administradores y sus parientes consanguíneos y afines hasta el segundo grado.

Concordancias

Art. 8, 18 inciso 13), 181, 183, 187, 232, y 312 d).

ARTÍCULO 197.- Son facultades y obligaciones de los fiscales:

a) Comprobar que en la sociedad se hace un balance mensual de situación;

b) Comprobar que se llevan actas de las reuniones del consejo de administración y de las asambleas de accionistas;

c) Vigilar el cumplimiento de las resoluciones tomadas en las asambleas de accionistas;

d) Revisar el balance anual y examinar las cuentas y estados de liquidación de operaciones al cierre de cada ejercicio fiscal;

e) Convocar a asambleas ordinarias y extraordinarias de accionistas en caso de omisión de los administradores;

f) Someter al consejo de administración sus observaciones y recomendaciones con relación a los resultados obtenidos en el cumplimiento de sus atribuciones, por lo menos dos veces al año.

Será obligación del consejo someter al conocimiento de la asamblea general ordinaria los respectivos informes;

g) Asistir a las sesiones del consejo de administración con motivo de la presentación y discusión de sus informes, con voz pero sin voto;

h) Asistir a las asambleas de accionistas, para informar verbalmente o por escrito de sus gestiones y actividades;

i) En general, vigilar ilimitadamente y en cualquier tiempo, las operaciones de la sociedad, para lo cual tendrán libre acceso a libros y papeles de la sociedad, así como a las existencias en caja;

j) Recibir e investigar las quejas formuladas por cualquier accionista e informar al consejo sobre ellas; y

k) Las demás que consigne la escritura social.

Concordancias

Arts. 174, 184, 259, 260, 155 a), 154, 159, 160, 173, y 26.

ARTÍCULO 198.- Cuando quedare vacante el cargo de fiscal, el consejo de administración deberá nombrar un sustituto por el resto del período de nombramiento o hasta la fecha en que la asamblea haga la nueva elección.

ARTÍCULO 199.- Las personas que ejerzan la vigilancia de las sociedades anónimas serán individualmente responsables por el cumplimiento de las obligaciones que la ley, el pacto social y los estatutos les impongan.

Concordancias

Arts. 189 y siguientes, y 984 a).

ARTÍCULO 200.- Las personas encargadas de la vigilancia de las sociedades anónimas que en cualquier negocio tuvieren un interés opuesto al de la sociedad, deberán abstenerse de toda intervención en él, so pena de responder de los daños y perjuicios que ocasionaren a la sociedad.

CAPÍTULO VIII
DE LA DISOLUCIÓN DE LA SOCIEDADES

ARTÍCULO 201.- Las sociedades se disuelven por cualquiera de las siguientes causas:

a) El vencimiento del plazo señalado en la escritura social;

b) La imposibilidad de realizar el objeto que persigue la sociedad, o la consumación del mismo;

c) La pérdida definitiva del cincuenta por ciento del capital social, salvo que los socios repongan dicho capital o convengan en disminuirlo proporcionalmente; y

d) El acuerdo de los socios.

Concordancias

Arts. 18 incisos 6), 7) y 16), 20, 101, 211, 394 b), 29, 31, 56 a) y f), 63.
Arts. 1237-1239, 1245 y 1249 inciso 1) C.C.
Art. 21.4. 3 C.P.C.

ARTÍCULO 202.- El hecho de que todas las acciones de una sociedad anónima lleguen a pertenecer a una sola persona, no es causa de disolución de la sociedad.

Concordancia

Art. 104 a).

ARTÍCULO 203.- La sociedad en nombre colectivo se disolverá por la muerte de uno de los socios, salvo el caso de que la escritura social disponga que continúe con los supervivientes o con los herederos. Igual regla se aplicará a los socios comanditados, en las sociedades de este tipo.

Concordancias

Arts. 49, 50, 56 d), 63 y 74.
Art. 73 C.C.
Art. 21.4. 3 C.P.C.

ARTÍCULO 204.- La exclusión o retiro de un socio colectivo o comanditado no es causa de disolución, salvo que ello se hubiere pactado de un modo expreso.

Concordancias

Arts. 32, 32 bis, 48, 63, 74 y 226.

ARTÍCULO 205.- En las sociedades de responsabilidad limitada, es válida la cláusula que establezca la disolución por muerte, exclusión o retiro de uno de los socios.

Concordancias

Arts. 32, 32 bis, 49, 56 d), 63, 84, 101, 202, y 249.
Art. 73 C.C.
Art. 21.4. 3 C.P.C.

ARTÍCULO 206.- En el caso del inciso a) del artículo 201, la disolución de la sociedad se realizará por el solo vencimiento del plazo fijado en la escritura.

En los demás casos, deberá inscribirse en el Registro Mercantil el acuerdo de disolución o la declaración hecha por la sociedad de que se ha producido una de las causas de disolución.

Concordancias

Arts. 201 a), 19, 211, y 235 a).
Art. 21.4. 3 C.P.C.

ARTÍCULO 207.- El aviso de haberse disuelto la sociedad se publicará una vez en "La Gaceta". Dentro de los treinta días siguientes a esta publicación, cualquier interesado podrá oponerse judicialmente a la disolución, que no se base en causa legal o pactada.

Concordancias

Art. 19.
Arts. 21.4.3. y 103 C.P.C.

ARTÍCULO 208.- Los administradores será solidariamente responsables de las operaciones que efectúen con posterioridad al vencimiento del plazo de la sociedad, al acuerdo de disolución o a la declaración de haberse producido alguna de las causas de disolución.

Concordancias

Arts. 186, 189 y siguientes, y 213.

CAPÍTULO IX
DE LA LIQUIDACIÓN DE LAS SOCIEDADES

ARTÍCULO 209.- Disuelta la sociedad, entrará en liquidación, conservando su personalidad jurídica para los efectos de ésta.

Concordancias

Art. 20.
Art. 21.4. 3 C.P.C.

ARTÍCULO 210.- La liquidación estará a cargo de uno o más liquidadores, que serán los administradores y representantes legales de la sociedad en liquidación, y responderán por los actos que ejecuten si se excedieren de los límites de su cargo.

Concordancias

Arts. 208, 214, y 219.
Art. 21.4. 3 C.P.C.

ARTÍCULO 211.- La designación de los liquidadores se hará de conformidad con lo previsto en la escritura social. A falta de tal previsión, se hará por convenio de los socios en el mismo momento en el que se acuerde o reconozca la disolución. Si éstos no llegaren a un acuerdo, la designación la hará el juez a gestión de parte interesada, por los trámites establecidos en el Código Procesal Civil.

Cuando la sociedad se disuelva por vencimiento del plazo o por sentencia, la designación deberá hacerse dentro de los treinta días siguientes a aquél en que terminó el plazo o en que quedó firme la sentencia que ordenó la disolución.

Concordancias

Arts. 18 inciso 17), 20, 186, 197 e) y 201.
Arts. 21.4. 3, 177 y 178 C.P.C.

ARTÍCULO 212.- La liquidación se practicará de acuerdo con las normas de la escritura social. En su defecto, de conformidad con los acuerdos tomados por la mayoría de socios necesaria para modificar la escritura y con las disposiciones de este Capítulo.

Concordancias

Arts. 18 inciso 16), 156, 170 y 171.

ARTÍCULO 213.- Los administradores deberán entregar a los liquidadores, mediante inventario, todos los bienes, libros y documentos de la sociedad, y serán solidariamente responsables por los daños y perjuicios que causen con su omisión.

Concordancias

Arts. 189 y siguientes, y 208.

ARTÍCULO 214.- Los liquidadores tendrán las siguientes facultades:

a) Concluir las operaciones sociales que hubieren quedado pendientes al tiempo de la disolución, cuando ello fuere legalmente posible;

b) Cobrar los créditos y satisfacer las obligaciones de la sociedad;

c) Vender los bienes de la sociedad, por el precio autorizado según las normas de liquidación;

d) Elaborar el estado final de la liquidación, y someterlo a la discusión y aprobación de los socios, en la forma que corresponda según la naturaleza de la sociedad; y

e) Entregar a cada socio la parte que le corresponda del haber social.

Concordancias

Arts. 212, 215-217.

ARTÍCULO 215.- En la liquidación de las sociedades en nombre colectivo, en comandita, o de responsabilidad limitada, una vez pagadas las deudas sociales, el remanente se distribuirá entre los socios, conforme a las siguientes reglas:

a) Si los bienes que constituyen el haber social son fácilmente divisibles, se repartirán en la proporción que corresponda a cada socio en la masa común;

b) Si entre los bienes que constituyen el activo social se encontraren los que fueron aportados por algún socio u otros de idéntica naturaleza, se entregarán de preferencia al socio que los aportó, tomándose en cuenta su valor actual;

c) Si los bienes fueren de diversa naturaleza, se distribuirán conforme a su valor, en lotes proporcionales a los aportes, compensándose entre los socios las diferencias que hubiere;

d) Formados los lotes, el liquidador convocará a los socios a una junta, en la que les dará a conocer el proyecto respectivo, y aquéllos gozarán de un plazo de ocho días hábiles a partir de la junta, para pedir modificaciones, si estimaren afectados sus derechos.

e) Si los socios manifestaren expresamente su conformidad, o no formularen oportunamente observaciones, el liquidador hará la respectiva adjudicación, y se otorgarán los documentos que procedan;

f) Si los socios formularen oportunamente observaciones al proyecto de división, el liquidador convocará a una nueva junta, en el plazo de ocho días, para que se hagan al proyecto las modificaciones a que haya lugar; si no fuere posible obtener el acuerdo, el liquidador adjudicará en común a los respectivos socios, el lote o lotes respecto de los cuales hubiere disconformidad, y la situación jurídica resultante entre los adjudicatarios se regirá por las reglas de la copropiedad; y

g) Si la liquidación social se hiciere en virtud de la muerte de uno de los socios, la división o venta de los inmuebles se hará conforme a las disposiciones de este Código.

Concordancia

Art. 21.4. 3 C.P.C.

ARTÍCULO 216.- En la liquidación de las sociedades anónimas y en comandita los liquidadores procederán a distribuir el remanente entre los socios, con sujeción a las siguientes reglas:

a) En el estado final se indicará la parte del haber social que corresponde a cada socio;

b) Un extracto del estado se publicará en "La Gaceta";

c) Dicho estado, así como los papeles y libros de la sociedad, quedarán a disposición de los accionistas, quienes gozarán de un plazo de quince días a partir de la publicación para presentar sus reclamaciones a los liquidadores; y

d) Transcurrido ese plazo, los liquidadores convocarán a una asamblea general de accionistas presidida por uno de los liquidadores, para que apruebe en definitiva el balance de liquidación.

Concordancias

Art. 212.
Art. 21.4. 3 C.P.C.

ARTÍCULO 217.- Aprobado el balance general de liquidación, los liquidadores procederán a hacer los pagos que correspondan a los accionistas contra la entrega de los títulos de las acciones.

Concordancia

Art. 214 e).

ARTÍCULO 218.- Las sumas que pertenezcan a los accionistas y que no fueran cobradas en el transcurso de dos meses, contado desde la aprobación del balance final, se depositarán a la orden del juez del domicilio de la sociedad, con indicación del accionista.

(Así reformado por el artículo 11 de la ley No. 9068 del 10 de setiembre del 2012, "Ley para el cumplimiento del estándar de Transparencia Fiscal")

ARTÍCULO 219.- En lo que sea compatible con el estado de liquidación, la sociedad continuará rigiéndose por las normas correspondientes a su especie.

A los liquidadores les serán aplicables las normas referentes a los administradores, con las limitaciones inherentes a su carácter.

CAPÍTULO X
DE LA FUSIÓN Y TRANSFORMACIÓN DE SOCIEDADES

ARTÍCULO 220.- Hay fusión de sociedades cuando dos o más de ellas se integran para formar una sola.

Las sociedades constituyentes cesarán en el ejercicio de su personalidad jurídica individual cuando de la fusión de las mismas resulte una nueva.

Si la fusión se produce por absorción, deberá modificarse la escritura social de la sociedad prevaleciente, si fuere del caso.

Concordancias

Arts. 19, 32 bis, 156, y 56 e).
Art. 21.4. 3 C.P.C.

ARTÍCULO 221.- Los representantes legales de cada una de las sociedades que intenten fusionarse prepararán un proyecto de acuerdo que firmarán y en el cual se harán constar los términos y condiciones de la fusión, el modo de efectuarla y cualesquiera otros hechos y circunstancias que sean necesarios de acuerdo con sus respectivas escrituras sociales. El acuerdo de fusión deberá ser sometido a los socios de cada una de las sociedades constituyentes, en sendas asambleas extraordinarias convocadas al efecto, y deberá ser aprobado por cada sociedad conforme a los requisitos que su escritura social exija para ser modificada y a los establecidos en este Código. Un extracto de la escritura de fusión se publicará por una vez en el Diario Oficial.

Concordancias

Arts. 156, 170, 171, y 182.

ARTÍCULO 222.- La fusión tendrá efecto un mes después de la publicación y una vez inscrita en la Sección Mercantil del Registro Público.

Dentro de dicho plazo, cualquier interesado podrá oponerse a la fusión, que se suspenderá en ese caso en tanto el interés del opositor no sea garantizado suficientemente, a juicio del Juez que conozca de la demanda.

Si la sentencia declarare infundada la oposición, la fusión podrá efectuarse tan pronto como aquélla cause ejecutoria.

Concordancias

Arts. 19, 204, y 235 a).
Art. 103 C.P.C.

ARTÍCULO 223.- El socio colectivo o comanditado que no esté de acuerdo en la fusión podrá retirarse de la sociedad; pero su participación social y su responsabilidad personal ilimitada continuarán garantizando el cumplimiento de las obligaciones contraídas antes de ser aprobado el acuerdo de fusión.

Concordancia

Art. 32 bis.

ARTÍCULO 224.- Los derechos y obligaciones de las sociedades constituyentes serán asumidos de pleno derecho por la nueva sociedad o por la que prevalezca.

Ni la responsabilidad de los socios, directores y funcionarios, ni los derechos y acciones contra ellos, serán afectados por la fusión.

En los procedimientos judiciales o administrativos en que hubiere sido parte cualquiera de las sociedades constituyentes, lo seguirá siendo, la nueva sociedad o la que prevalezca.

Concordancia

Arts. 21.3 y 21.4.3 C.P.C.

ARTÍCULO 225.- Cualquier sociedad civil o comercial, podrá transformarse en una sociedad de otra especie mediante la reforma de su escritura social, para que cumpla todos los requisitos que la ley señala para el nuevo tipo de sociedad en que va a transformarse. La transformación no eximirá a los socios de las responsabilidades inherentes a las operaciones efectuadas con anterioridad a ella, que se mantendrán en la misma forma que contempla la ley para los casos de liquidación. El nombre o razón social deberá adecuarse de manera que cumpla con los requisitos legales respectivos.

El activo y el pasivo continuarán asumidos por la compañía y podrá seguirse la misma contabilidad, con sólo que el Departamento de Legislación de Libros de la Tributación Directa, consigne en los libros la transformación producida.

Concordancias

Art. 32 bis.
Arts. 21.3. y 21.4.3. C.P.C.

CAPÍTULO XI
DE LA REPRESENTACIÓN DE EMPRESAS Y SOCIEDADES EXTRANJERAS Y DEL TRASPASO DE SU SEDE AL TERRITORIO NACIONAL

ARTÍCULO 226.- Las empresas individuales o compañías extranjeras a que se refiere el inciso d) del artículo 5° de este Código, que tengan o quieran abrir sucursales en la República, quedan obligadas a constituir y mantener en el país un apoderado generalísimo para los negocios de la sucursal. En la escritura de poder consignarán:

a) El objeto de la sucursal y capital que se le asigne;

b) El objeto, capital, el nombre completo de los personeros o administradores y duración de la empresa principal;

c) Manifestación expresa de que el representante y la sucursal en su caso, quedan sometidos a las leyes y tribunales de Costa Rica en cuanto a todos los actos o contratos que celebren o hayan de ejecutarse en el país y renuncian expresamente a las leyes de su domicilio; y

d) Constancia de que el otorgante del poder tiene personería bastante para hacerlo.

La personería social y la de los apoderados en los casos que requieran inscripción quedarán completas si se presenta al Registro Mercantil el mandato junto con un certificado expedido por el respectivo Cónsul de Costa Rica, o a falta de éste, por el de una nación amiga, de estar la compañía constituida y autorizada conforme a las leyes de su domicilio principal y una relación, otorgada como adicional, por el propio apoderado, aceptando el poder.

La declaración del capital de la compañía o empresa principal, no tiene más objeto que el de hacer conocer aquí su solvencia económica y no implica obligación de pagar especialmente derechos de Registro por tal concepto

Concordancias

Arts. 232 y 235 d).

ARTÍCULO 227.- Las sociedades extranjeras a que se refiere el inciso d) del artículo 5° que con arreglo a las leyes del país en que fueron creadas, estén autorizadas para transferir sus sedes sociales a otros países, podrán transferirlas al territorio de Costa Rica después de haber presentado al Registro Mercantil, para su inscripción, los siguientes documentos debidamente autenticados conforme a lo dispuesto en el artículo anterior:

a) Copia del pacto social y de sus modificaciones;

b) Certificado consular a que se refiere el párrafo segundo del artículo anterior;

c) Certificado del acuerdo que autorice la transferencia de la sede social a la República; y

d) Una relación que contenga los nombres y apellidos de las personas que integran el consejo de administración y de los personeros de la sociedad.

La transferencia de la sede social al territorio de la República en la forma indicada, no implica la disolución o liquidación de la sociedad en su país de origen, ni tampoco la constitución de una nueva sociedad en el territorio costarricense. La declaración del capital de la compañía en su país de origen que consta en el pacto social o sus modificaciones, no tiene más objeto que el de hacer conocer aquí su solvencia económica y no implica obligación de pagar especialmente derechos de Registro por tal concepto

Concordancia

Art. 235 d).

ARTÍCULO 228.- Las sociedades extranjeras que hayan transferido su sede social a Costa Rica, deberán inscribir en el Registro Mercantil las modificaciones de su pacto social y los instrumentos de fusión y disolución que las afecten.

Concordancia

Art. 235 d).

ARTÍCULO 229.- Las sociedades extranjeras que transfieran su sede social a la República, continuarán rigiéndose por las leyes del país donde fueron creadas, en lo que respecta a su pacto social, pero quedarán sujetas a las leyes de orden público de Costa Rica y obligadas a pagar el Impuesto sobre la Renta únicamente sobre aquellos negocios realizados dentro del territorio de la República. Los negocios situados, desarrollados y que tengan efecto en el extranjero, estarán exentos de dicho impuesto.

ARTÍCULO 230.- Las sociedades extranjeras que transfieran su sede social a la República, podrán, en cualquier momento, retransferirla a cualquier otro país, a cuyo efecto deberán presentar, para su inscripción en el Registro Mercantil, un certificado del acuerdo mediante el cual se tome dicha decisión, debidamente autenticado.

Concordancia

Art. 235 a) y d).

ARTÍCULO 231.- A los efectos de los artículos anteriores, se entiende por sede social el lugar donde celebre sus reuniones el consejo de administración de la sociedad o donde está situado el centro de administración social.

ARTÍCULO 232.- Cualquier empresa o sociedad extranjera puede otorgar poderes para ser representada en el país, si llena los requisitos que expresa el artículo 226, con excepción del indicado en el inciso a); pero si se tratare de poder especial para un solo acto o gestión, bastará cumplir el requisito del inciso c) y la diligencia consular. Los poderes generales judiciales implican sumisión a las leyes y tribunales costarricenses; en los poderes especiales de esta clase, pueden las compañías exceptuar expresamente esta sumisión para determinados casos o relaciones concretas. Toda sociedad constituida con arreglo a las leyes extranjeras, que opere en el país o tenga en él sucursales o agencias, deberá cumplir con lo establecido en el inciso 13) del artículo 18.

Concordancias

Arts. 18 inciso 13), 226, y 366.
Arts. 1253, 1255, 1256, 1289, y 1290 C.C.

ARTÍCULO 233.- El que en nombre de una persona o sociedad extranjera anuncie o haga negocios como agente o representante, sin estar provisto de los documentos que lo acrediten como apoderado, incurrirá en responsabilidad solidaria respecto de las obligaciones contraídas y que deban cumplirse en el país, sin perjuicio de la responsabilidad penal que le tocare si hubiere mediado dolo.

Concordancias

Arts. 226 y 232.
Art. 1295 C.C.

TÍTULO II

CAPÍTULO I
DE LAS OBLIGACIONES COMUNES A LOS QUE EJERCEN EL COMERCIO

ARTÍCULO 234.- Los que ejercen el comercio contraen las siguientes obligaciones:

a) Inscribir en el Registro Mercantil los documentos que se indican en el capítulo siguiente;

b) Distinguir su establecimiento con su nombre, que puede ser, si se tratara de una sociedad o denominación, debidamente registrada y, en el caso de la sociedad anónima y la de responsabilidad limitada, con el nombre comercial debidamente inscrito;

c) Llevar la contabilidad del negocio en orden y de conformidad con las siguientes disposiciones de este Código; y

d) Conservar los libros de contabilidad desde que se inician hasta cinco años después del cierre del negocio y conservar igualmente la correspondencia, las facturas y los demás comprobantes, por un período no menor de cinco años, contado a partir de sus respectivas fechas, salvo que hubiera juicio pendiente en que esos documentos se hubieran ofrecido como prueba.

(Así reformado el inciso anterior por el artículo 12 de la Ley No. 9068 del 10 de setiembre del 2012, "Ley para el cumplimiento del estándar de Transparencia Fiscal")

Concordancias

Arts. 242 y siguientes, 251 y siguientes, 5, 8, 10 a) 18 inciso 6), 24, 35-37, 62, 76, 103, y 235.

CAPÍTULO II
DEL REGISTRO MERCANTIL

ARTÍCULO 235.- En el Registro Mercantil se inscribirán:

a) Las escrituras de constitución, prórroga, modificación o disolución de las sociedades comerciales y las empresas individuales de responsabilidad limitada, así como los documentos referentes a la fusión o transformación de sociedades;

b) El traspaso del interés de las sociedades en nombre colectivo, el de los comanditados en las sociedades en comandita, el de las cuotas de capital en las de responsabilidad limitada, cuando fuere del caso, y la protocolización del acta de creación de acciones no comunes en las sociedades anónimas;

c) Los poderes generales y generalísimos que otorguen los comerciantes, así como la revocación, sustitución, modificación o prórroga de los mismos;

d) Las escrituras en que conste el nombramiento, modificación o revocación de los poderes conferidos a los gerentes, administradores y representantes legales de sociedades comerciales, nacionales o extranjeras;

e) El nombramiento del consejo de administración de las sociedades anónimas;

f) Las patentes de corredores jurados;

g) Las capitulaciones matrimoniales que afecten a un comerciante, cuando en virtud de ellas se establezca comunidad de bienes con el otro cónyuge;

h) Las escrituras en que un comerciante reconozca cualquier deuda o derecho en favor de su cónyuge;

i) La sentencia de divorcio o separación de cuerpos que afecte a un comerciante, así como la escritura o sentencia en que se defina la liquidación de sus haberes en la sociedad conyugal;

j) La declaración de apertura de un proceso concursal de un comerciante o de una sociedad, así como su conclusión;

(Así reformado por el artículo 74.3 de la Ley No. 9957)

k) El nombramiento de interventores, administradores o liquidadores concursales de comerciantes o sociedades; y

(Así reformado por el artículo 74.3 de la Ley No. 9957)

l) La habilitación concedida al menor o incapaz para ejercer el comercio y la modificación o revocación de ésta.

Concordancias

Arts. 13, 19, 38, 55 c), 74, 78, 85, 86, 88, 120, 121, 138, 156 b), 5, 10, 41, 42, 58, 93, 182, 186, 273, 314, 374, 298, 299, y 313.
Arts. 1253 y 1255 C.C.
Arts. 719 inciso 9), 739, 764, 720 y 746 C.P.C. (de la Ley No. 7130, no derogados según artículo 183 a) del nuevo C.P.C.)

ARTÍCULO 235 bis.- Derogado por Ley No. 10.729.

CAPÍTULO III
DEL REGISTRO DE MUEBLES

ARTÍCULO 236.- Créase el Registro de Muebles con asiento en la ciudad de San José, que actuará conjuntamente con el Registro de Prendas.

Concordancias

Arts. 551 y siguientes.

ARTÍCULO 237.- Se inscribirán en este Registro todos aquellos muebles no fungibles que puedan identificarse ya sea por su número, serie o marca u otras características que lo describan.

Concordancias

Arts. 256 y 257 C.C.

ARTÍCULO 238.- La inscripción en este Registro será facultativa y se practicará cuando el propietario así lo solicite.

ARTÍCULO 239.- El registro llevará dos libros: uno de presentación de documentos y otro para practicar la respectiva inscripción. El primer asiento contendrá la descripción completa del mueble a fin de que pueda ser fácilmente identificado; y luego en asientos sucesivos se consignarán todas las demás operaciones ordenadas por las autoridades de carácter administrativo o judicial. Al margen del asiento respectivo se anotará inmediatamente que se reciba, todo documento que en cualquier forma afecte al mueble.

ARTÍCULO 240.- Todo documento que se refiera a un mueble inscrito afectará a terceros desde el momento en que se presente al Registro. La Oficina de Registro extenderá las certificaciones que se pidan las autoridades de todo orden o los particulares, siempre que se presenten las especies fiscales correspondientes, salvo las que soliciten las autoridades de orden penal y de trabajo, que serán despachadas sin costo alguno.

Concordancia

Art. 455 C.C.

ARTÍCULO 241.- La inscripción original, lo mismo que los siguientes traspasos devengarán como derecho de inscripción la suma de cinco colones y se harán en el papel y timbres correspondientes.

CAPÍTULO IV
DEL NOMBRE COMERCIAL

ARTÍCULO 242.- Todo comerciante ejercerá el comercio y suscribirá los documentos relativos a su giro, con un nombre que constituirá su distintivo comercial. Ningún comerciante podrá, individualmente, usar como razón comercial nombre distintivo del suyo.

Concordancias

Arts. 1, 5, 10 a), 18 inciso 6), 24, 33, 35-37, 62, 74, 76, 103, 234 b), 235 bis, y 245.
Arts. 49, 53, 54, y 58 C.C.

ARTÍCULO 243.- El comerciante podrá inscribir en el Registro de Marcas de Comercio, su firma o nombre comercial. En ese caso, gozará de la protección que la ley respectiva otorga a todas las inscripciones que se practican en ese Registro.

ARTÍCULO 244.- Las nuevas firmas comerciales deberán distinguirse claramente de las ya establecidas y registradas. Si el nombre de algún comerciante que se proponga ejercer el comercio individualmente, fuere igual a otro inscrito como firma comercial, el nuevo comerciante deberá hacer lo necesario para diferenciarlo del ya registrado.

ARTÍCULO 245.- Independientemente de la inscripción en el Registro Mercantil, las sociedades, para gozar de la protección del Registro de Marcas de Comercio, deberán inscribir su razón o nombre comercial. La razón comercial de una sociedad en nombre colectivo, a falta de apellido de todos los socios, debe contener, al menos, el de alguno de ellos con el aditamento "y Compañía", "y Hermanos", "e Hijos" u otro semejante. La razón social de una compañía en comandita debe contener por lo menos el apellido de uno de los comanditados y un aditamento que indique que la sociedad es de esta clase. No podrá contener otros nombres que los de los socios ilimitadamente responsables.

Las sociedades por acciones no tendrán razón social, sino un número de cédula jurídica asignado al momento de la constitución. En las sociedades de responsabilidad limitada se usará el número de cédula jurídica con el aditamento "Responsabilidad Limitada" o "Limitada".

Concordancias

Arts. 18 inciso 6), 24, 33, 35-37, 62, 74, 76, 103, y 234 b).

ARTÍCULO 246.- La razón comercial no podrá contener indicación de empresas que no estén relacionadas con el negocio a que corresponde. Tampoco se podrá conservar en la razón comercial la indicación de un negocio que se haya modificado totalmente.

ARTÍCULO 247.- Si el comercio se ejerciere por una o varias personas conjuntamente, la razón comercial no deberá contener mención alguna que pudiera hacer creer en la existencia de una sociedad. Esta disposición se aplicará aun en el caso de traspaso de un establecimiento por parte de una sociedad.

Concordancias

Arts. 24, y 478 y siguientes.

ARTÍCULO 248.- El causahabiente de una firma comercial podrá continuar usándola, siempre que expresamente indique su calidad de sucesor.

Concordancias

Arts. 549, 550 C.C.
Arts. 115 y siguientes C.P.C.

ARTÍCULO 249.- Cuando en una sociedad que no sea anónima hubiere modificación por separación o muerte de un socio, cuyo nombre figure en la razón social, podrá continuar sin alteración el distintivo social, previo asentimiento del socio que se retira o de sus herederos, agregando entonces a la razón social la palabra "Sucesores". En tal caso, debe otorgarse la respectiva escritura, publicar su extracto en el periódico oficial e inscribirla en el Registro Mercantil.

Concordancias

Arts. 19, 37, 62 y 76.

ARTÍCULO 250.- El uso ilegal de una razón de comercio debidamente registrada, da derecho al propietario para pedir la prohibición de su empleo y las indemnizaciones consiguientes, sin perjuicio de la acción penal correspondiente.

Concordancias

Arts. 53 y 59 C.C.

CAPÍTULO V
DE LA CONTABILIDAD Y DE LA CORRESPONDENCIA

ARTÍCULO 251.- Sin perjuicio de los registros que la normativa tributaria exija a toda persona física o jurídica, los comerciantes están obligados a llevar sus registros contables y financieros en medios que permitan conocer, de forma fácil, clara y precisa, de sus operaciones comerciales y su situación económica, y sin que estos deban ser legalizados por entidad alguna. Al hacer este Código referencia a libros contables, se entenderá igualmente la utilización de sistemas informáticos de llevanza de la contabilidad.

(Así reformado por el artículo 8° de la Ley No. 9069 del 10 de setiembre del 2012, "Ley de Fortalecimiento de la Gestión Tributaria")

Concordancias

Arts. 234 c) y d).

ARTÍCULO 252.- Las sociedades anónimas y de responsabilidad limitada deben llevar un libro de actas de asambleas de socios. Las sociedades mercantiles, conforme al artículo 17, deben llevar un registro de socios cuya legalización estará a cargo del Registro Nacional. Las sociedades anónimas deben llevar un libro de actas del Consejo de Administración.

(Así reformado por el artículo 8° de la Ley No. 9069 del 10 de setiembre del 2012, "Ley de Fortalecimiento de la Gestión Tributaria")

Concordancias

Arts. 17, 96, 106, 156 b), 174, y 184.

ARTÍCULO 253.- Salvo que los estatutos indiquen otro consejero o administrador, el secretario de la junta directiva, en las sociedades anónimas, y el gerente, en las sociedades de responsabilidad limitada, serán depositarios del registro de socios, de actas de asambleas de socios y del consejo. Igual norma se observará respecto al gerente en las sociedades de responsabilidad limitada, y del tesorero en las sociedades anónimas, en cuanto a los libros de contabilidad y de registro de obligaciones.

La contabilidad deberá llevarla un contabilista legalmente autorizado, que puede ser el propio comerciante, quien, en ambos casos, responderá del contenido de los libros como si él personalmente los hubiere llevado.

(Así reformado por el artículo 2° de la Ley No. 7201 de 10 de octubre de 1990)

Concordancias

Arts. 78, 96, 137, 174, 184, 251, 368, 374 y 523.

ARTÍCULO 254.- En los libros debe escribirse en castellano, con claridad, en orden progresivo de fechas, sin dejar espacios en blanco, sin raspaduras ni entrerrenglonaduras. Cualquier equivocación u omisión que se cometa ha de salvarse por medio de un nuevo asiento en la fecha en que se advierta el error, y se pondrá al margen del asiento equivocado, con tinta diferente, una nota indicando que está errado y el folio donde se encuentra la corrección respectiva.

ARTÍCULO 255.- El libro de Inventarios se abrirá con la descripción exacta y detallada del dinero, valores, créditos, mercaderías, bienes muebles e inmuebles y demás que forman el activo al iniciar operaciones, lo mismo que de las deudas y toda clase de obligaciones que forman el pasivo, detallando, además, el capital neto resultante. En el mismo libro se registrará, cada fin de año fiscal, el nuevo inventario resultante al cierre del ejercicio. Este inventario, en sus diferentes cuentas, deberá coincidir con los saldos que ellas tuvieren en el libro de Balances.

ARTÍCULO 256.- En el Diario se asentará por primera partida, el resultado del inventario a que se refiere el artículo anterior. Igualmente o en registros auxiliares, seguirán asentándose en estricto orden cronológico todas las operaciones que se efectúen, debiendo el comerciante o industrial individual, particularizar los retiros de efectivo, los otros destinados a sus gastos personales o los de su familia, los que llevará en cuenta especial.

ARTÍCULO 257.- Al Mayor, que se llevará por debe y haber, se trasladarán por su orden, los asientos del Diario o registros auxiliares. De estos últimos se pueden hacer traslados totales resumidos. Podrán agruparse en una sola cuenta de Mayor y llevar al correspondiente Mayor Auxiliar aquellas partidas en que por afinidad y conveniencia proceda tal agrupación. Cada partida inscrita en el Mayor se referirá al folio del Diario en que se anotó, o al resumen del respectivo registro auxiliar.

ARTÍCULO 258.- En el libro de Balances se asentará por primera partida el Balance General de Situación del negocio o empresa al iniciar operaciones. Sucesivamente, cada año, al cierre de operaciones de su ejercicio fiscal, deberán asentarse los siguientes estados:

a) Balance de Comprobación, anterior al cierre de operaciones del Libro Mayor;
b) Estado de Ganancias y Pérdidas;
c) Balance General de Situación, posterior a dicho cierre; y
d) Estado de superávit o aplicación de sobrantes, en el caso de sociedades.

Dichos Balances y estados, los firmará, en ese libro, el dueño del negocio o de la actividad económica. Si se tratare de compañía colectiva, lo harán los socios; si de compañía en comandita, los socios de responsabilidad ilimitada; y si de anónima o de responsabilidad limitada, el contabilista encargado.

ARTÍCULO 259.- En el libro de Actas, que deberá ser encuadernado y foliado, se asentará la minuta detallada de cada asamblea ordinaria o extraordinaria, consignando:

1) Lugar y fecha en que se celebra la reunión;
2) Número de acciones o cuotas de capital que concurran a la asamblea;

3) Cómputo de votos; y
4) Acuerdos tomados, haciendo constar los votos salvados que se emitan.

Concordancias

Arts. 96 y 174.

ARTÍCULO 260.- Si se tratare de sesión de Junta Directiva, además de la fecha y lugar en que se celebra, se consignará el número de asistentes, haciéndolo constar si los acuerdos han sido tomados por unanimidad o por mayoría, consignando literalmente los votos salvados y las razones de los mismos, si así lo piden los interesados. Si la escritura social no establece otra cosa, toda acta debe ir firmada por el que preside y por el secretario o quien haga sus veces.

Concordancias

Arts. 184 y 252.

ARTÍCULO 261.- En los registros de socios se consignará la acción o cuota correspondiente al socio suscriptor o fundador y luego, en orden cronológico y sin dejar espacios, los traspasos sucesivos. Si los traspasos obedecen a un contrato o a una adjudicación, ya sea en juicio sucesorio, en remate público o por orden judicial, deberá presentarse el documento original o en su caso, certificación auténtica de la respectiva resolución, haciendo constar que se halla firme. Esos documentos se archivarán, poniendo la razón correspondiente en el asiento de traspaso.

Si la sociedad, a solicitud del adquirente, emitiera un nuevo certificado, deberá recoger y cancelar el documento traspasado.

Si no se emitiere un nuevo certificado a favor del adquirente, se dejará constancia de haber efectuado la anotación en los registros a favor del nuevo socio y se consignará en el documento el registro efectuado.

Concordancias

Arts. 137, 138, 140 y 687.

ARTÍCULO 262.- Se autoriza, con arreglo a lo dispuesto en este capítulo, el uso de hojas sueltas en los demás libros, debiendo entenderse que cuando se dice libros, el término comprende también estas hojas, ya sea que estén encuadernadas o no. Estas hojas, rayadas según convenga en cada caso, deben ser numeradas consecutivamente y tener el nombre de la persona o sociedad a quien pertenezcan y cualquier otro detalle pertinente cuando se refieran a registros auxiliares. Cuando se trate de Mayores Auxiliares, deben tener el nombre de la persona a quien pertenecen y cualquier otro detalle pertinente.

ARTÍCULO 263.- Los libros sociales deberán llevarse en hojas sueltas, con las particularidades definidas por el Registro Nacional que garanticen su integridad y seguridad; serán legalizados por el Registro Nacional, que los emitirá. Los libros de registro de accionistas y de asambleas de socios, y el libro de actas del Consejo de Administración, en su caso, deberán ser entregados en el mismo momento en que se entrega el documento de constitución. Se autoriza al Registro Nacional para que cobre una tasa hasta de un veinte por ciento (20%) de un salario base, para cubrir el costo de la emisión de los libros y su respectiva legalización, recayendo la decisión de fijar la cuantía exacta de tal tasa a la Junta Administrativa del Registro Nacional. El Registro Nacional podrá autorizar el uso de otros medios que conforme a la ciencia y la técnica garanticen la fiabilidad de los registros.

(Así reformado por el artículo 8 de la Ley No. 9069 del 10 de setiembre del 2012, "Ley de Fortalecimiento de la Gestión Tributaria")

ARTÍCULO 264.- Es absolutamente prohibido arrancar hojas o alterar la encuadernación o foliación de los libros a que este capítulo se refiere. Cuando una o varias hojas se inutilizaren o anularen, no por eso dejarán de figurar en el lugar que les corresponde a efecto de no alterar el orden de los folios.

ARTÍCULO 265.- Ninguna autoridad podrá inquirir si los libros de contabilidad se llevan arregladamente, ni hacer investigación o examen general de la contabilidad. Tampoco podrá decretarse la comunicación, entrega o reconocimiento general del libro, correspondencia y demás papeles y documentos, excepto en caso de procesos concursales o liquidación. Fuera de estos casos, solo podrá ordenarse la exhibición de libros y documentos por autoridad judicial competente, a instancia de parte legítima o de oficio, cuando la persona a quien pertenezcan tenga interés o responsabilidad en el asunto o cuestión que se ventile.

El reconocimiento se hará en el establecimiento del dueño de los libros, en su presencia o en la de un comisionado suyo, y se limitará a tomar copia de los asientos o papeles que tengan relación con el asunto ventilado.

Cuando se hayan llevado libros o registros especiales o auxiliares, puede ser ordenada su exhibición en los mismos términos y los mismos casos que los libros principales.

(Así reformado por el artículo 74.3 de la Ley No. 9957)

Concordancias

Arts. 26, 388, 713 inciso 1), 744 inciso 2), 760 y 780.

ARTÍCULO 266.- Se exceptúan de la regla contenida en el artículo anterior las revisiones que, dentro de las limitaciones de la ley, pueda hacer la Dirección General de la Tributación Directa para efectos fiscales.

ARTÍCULO 267.- Los libros prueban contra su dueño, pero el adversario no podrá aceptar unos asientos y desechar otros, sino que debe tomar el resultado que arrojen en su conjunto. Si entre los libros llevados por las partes no hubiere conformidad, y si los de una estuvieran a derecho y los de otra no, los asientos de los libros en regla harán fe contra los de los defectuosos, a no demostrarse lo contrario por otras pruebas admisibles en derecho. Si una de las partes no presentare sus libros o manifestare no tenerlos, harán fe contra ella los del adversario, siempre que estén llevados en debida forma, a no demostrar que la carencia de dichos libros procede de fuerza mayor o caso fortuito y salvo prueba eficaz contra los asientos exhibidos. Si los libros de ambas partes estuvieren igualmente arreglados y fueren contradictorios, el tribunal resolverá conforme a las demás probanzas.

Concordancias

Arts. 2, 24, 41-49 C.P.C.

ARTÍCULO 268.- La correspondencia pasiva debe ser rechazada cuidadosamente conforme se reciba. En cuanto a la activa, el interesado deber dejar copia de toda carta o despacho que envíe.

ARTÍCULO 269.- En caso de venta del establecimiento o empresa, el nuevo propietario adquiere también los libros de contabilidad, los que puede seguir usando, si no resuelve abrir nueva contabilidad. Caso de que resuelva continuar los libros empezados, los presentará a la Tributación para que ponga constancia del traspaso y razón de pertenecer en adelante al nuevo propietario del negocio o empresa. Si resolviere abrir nuevos libros, también se presentarán los llevados hasta ese momento para que la Tributación Directa o su delegado, ponga la razón de cierre correspondiente, abriendo los nuevos conforme queda indicado.

Concordancia

Arts. 478 y siguientes.

ARTÍCULO 270.- La persona física o jurídica, obligada a llevar libros, que cierre su negocio, liquidándolo, está obligada a conservar los libros y la correspondencia durante el término de cinco años, a contar del día en que termine la liquidación; pero si hubiera juicio pendiente ante los tribunales y este continúa después de los cinco años, estará obligada a conservarlos por todo el término que dure el juicio.

(Así reformado el párrafo anterior por el artículo 13 de la Ley No. 9068 del 10 de setiembre del 2012, "Ley para el cumplimiento del estándar de Transparencia Fiscal")

Si hubiere traspaso de la empresa a un tercero y por tal motivo los libros y la correspondencia no estuvieren en poder del anterior dueño, y éste los necesitare, ya sea para plantear una demanda, o para contestar o exceptuarse de una que contra él se formule, el actual dueño estará obligado, aunque no sea parte en el juicio respectivo, a permitir a las autoridades judiciales obtener toda clase de copias o certificaciones que se requieran. El incumplimiento de esta obligación hará responder al tenedor de los libros, por los consiguientes daños y perjuicios.

Concordancias

Arts. 478 y siguientes, y 234 d).

ARTÍCULO 271.- Si fallece el comerciante o empresario se presume que los libros, comprobantes y correspondencia están en poder de los herederos. En caso de liquidación deben conservarlos los liquidadores por el tiempo indicado de cuatro años y, si se trata de procesos concursales, los conservará quien ejerza la administración, conforme a lo dispuesto por la legislación concursal. En todos estos casos, los tenedores de los libros y comprobantes están obligados a exhibirlos en la misma forma que el dueño original, bajo pena de resarcir daños y perjuicios, si se negaran a hacerlo.

(Así reformado por el artículo 74.3 de la Ley No. 9957)

Concordancias

Art. 548 C.C.
Arts. 713 inciso 1), y 744 inciso 2) C.P.C. (de la Ley No. 7130, no derogados según artículo 183 a) del nuevo C.P.C.

TÍTULO III

CAPÍTULO I
DE LOS AUXILIARES DEL COMERCIO

ARTÍCULO 272.- Están sujetos a las leyes mercantiles en su condición de agentes auxiliares del comercio y con respecto a las operaciones que les correspondan en esta calidad:

a) Los comisionistas;
b) Los corredores jurados;
c) Los factores;
d) Los porteadores;
e) Los agentes viajeros;
f) Los representantes de casas extranjeras;
g) Los dependientes; y
h) Los agentes o corredores de aduanas.

(Así reformado por el artículo 2º de la ley Nº 4319 de 5 de febrero de 1969)

Concordancias

Arts. 273 y siguientes, 296 y siguientes, 314 y siguientes, 349 y siguientes.

CAPÍTULO II
DE LOS COMISIONISTAS

ARTÍCULO 273.- Es comisionista el que se dedica profesionalmente a desempeñar en nombre propio, pero por cuenta ajena, encargos para la realización de actos de comercio. Actuando a nombre propio, el comisionista asume personalmente la responsabilidad del negocio; y el que contrate con él no adquiere derecho alguno ni contrae obligación respecto al dueño del mismo. Puede también el comisionista actuar a nombre de su representado, caso en el cual lo obliga, y el tercero que con él contrata, adquiere derechos y contrae obligaciones con el mandante y no con el comisionista.

Concordancias

Arts. 5 a), y 314.
Art. 1275 C.C.

ARTÍCULO 274.- La comisión puede darse verbalmente o por escrito. Se presumirá aceptada una comisión cuando se confiera a persona que públicamente ostente el carácter de comisionista, por el solo hecho de que no la rehúse dentro de los dos días siguientes a aquél en que reciba la propuesta respectiva.

Aunque el comisionista rehúse la comisión que se le confiera, no estará dispensado de practicar las diligencias que sean necesarias para la conservación de los efectos que el comitente le haya remitido, hasta que éste provea de nuevo encargado, sin que por practicar tales diligencias se entienda tácitamente aceptada la comisión.

Concordancias

Art. 314.
Arts. 1251, 1252 y 1260 C.C.

ARTÍCULO 275.- El comisionista es libre de aceptar o no el cargo pero si lo rehúsa debe avisar inmediatamente de su decisión al comitente en la forma más rápida y segura posible.

ARTÍCULO 276.- Cuando el comisionista no esté expensado por el comitente como en el caso de que no acepte la comisión y sea necesario depositar la mercadería, pedirá a la autoridad judicial competente del lugar, por el trámite de los actos de jurisdicción voluntaria, que se vendan efectos en cantidad suficiente para cubrir tales gastos. Si fuere posible, habida cuenta de las circunstancias, se dará de previa audiencia al comitente, pero si por razón de la distancia, medios de comunicación o naturaleza de las cosas, eso no fuere posible, procederá el Juez a la venta inmediata, sirviendo como base el informe rendido por el perito que nombrará en forma sumaria, bajo su responsabilidad.

Concordancia

Arts. 177 y 178 C.P.C.

ARTÍCULO 277.- El comisionista que practique alguna gestión en desempeño del encargo que le hizo el comitente, queda obligado a continuarlo hasta su conclusión. No podrá sustituir el mandato si para ello no está expresamente autorizado, pero sí puede, bajo su responsabilidad, encargar a una o más personas para llevar a cabo cualquier diligencia encaminada al cumplimiento de la función.

Concordancias

Art. 374.
Arts. 1264-1266 C.C.

ARTÍCULO 278.- Si para cumplir la comisión se requieren fondos, no estará obligado el comisionista a suplirlos, a menos que en el contrato respectivo, o según la costumbre del lugar, deba hacerlo. Si no se ha comprometido a anticipar fondos, no llevará a cabo la comisión en tanto el comitente no supla la suma necesaria. Lo mismo ocurrirá cuando se hayan agotado los fondos suplidos por el comitente. Si se ha obligado a anticipar fondos, así debe hacerlo, excepto en el caso de apertura de un proceso concursal o notoria suspensión de pagos del comitente.

(Así reformado por el artículo 74.3 de la Ley No. 9957)

Concordancias

Arts. 1273 y 1274 C.C.

ARTÍCULO 279.- El comisionista se sujetará a las instrucciones recibidas del comitente, en el desempeño de su encargo. Sin embargo, cuando por circunstancias no previstas por el comitente, considerare el comisionista que no debe ejecutar literalmente las instrucciones recibidas, y que de hacerlo causaría daño a su principal, podrá suspender el cumplimiento de ellas y requerir nuevas instrucciones. Si, no obstante las observaciones del comisionista, el comitente insiste en que ha de procederse conforme a sus instrucciones originales, el comisionista podrá separarse del contrato, o actuar conforme a las reiteradas instrucciones del comitente, caso en el cual quedará dicho comisionista exento de toda responsabilidad.

Concordancias

Arts. 1261 y 1267 C.C.

ARTÍCULO 280.- En lo no previsto por el comitente, el comisionista debe consultarle, siempre que la naturaleza del negocio lo permita. Si no fuere posible la consulta o estuviere el comisionista autorizado para actuar a su arbitrio, hará lo que la prudencia dicte, procediendo con el mismo cuidado, que emplearía en negocio propio.

Concordancias

Art. 282.
Arts. 1261 y 1262 C.C.

ARTÍCULO 281.- Si el comisionista actuare fuera de las instrucciones recibidas, con evidente imprudencia, perjudicando al principal, debe indemnizar a éste de todos los daños y perjuicios, quedando por su cuenta y riesgo las consecuencias del negocio, si así lo dispone el comitente.

Concordancia

Art. 317.

ARTÍCULO 282.- Si en el curso de la comisión ocurrieran circunstancias que considere el comisionista que influyen de tal modo en la suerte del negocio, que de actuar puede venirle perjuicio al principal, lo comunicará a éste sin demora y esperará sus instrucciones. En ausencia de tales instrucciones y en la imposibilidad de comunicarse con el comitente, el comisionista actuará conforme a las circunstancias, con la misma prudencia y cautela como si se tratara de su negocio propio.

Concordancia

Art. 319.

ARTÍCULO 283.- Está obligado el comisionista a someterse en un todo a las leyes y reglamentos vigentes en la materia, así como a las costumbres de la plaza donde actúe, y será responsable en forma exclusiva de toda violación u omisión de los mismos.

Concordancias

Arts. 1-4, y 436.

ARTÍCULO 284.- En cuanto a los fondos que tenga el comisionista pertenecientes al comitente, será responsable de todo daño o extravío, aunque sea por caso fortuito o por efecto de violencia, a menos que haya pacto expreso en contrario.

Concordancias

Arts. 278 y 358.

ARTÍCULO 285.- El comisionista que haya recibido fondos para evacuar su encargo y les diere distinta inversión, abonará al comitente el capital e intereses legales a partir del día en que recibió los fondos y le indemnizará además los daños y perjuicios que le hubiere causado, sin perjuicio de la acción penal a que diere lugar.

ARTÍCULO 286.- El comisionista que tuviere en su poder mercaderías o efectos por cuenta ajena, responderá de su conversación y buen estado manteniéndolos como los recibió, a menos que sobrevenga deterioro o menoscabo proveniente de caso fortuito o fuerza mayor, y el natural deterioro por el transcurso del tiempo o vicio propio de la cosa. Cualquier deterioro o pérdida y su causa, la acreditará el comisionista mediante acta notarial.

ARTÍCULO 287.- Para hacer préstamos y para vender al crédito o a plazos, el comisionista necesita autorización del comitente; si no la tuviere, el principal podrá exigirle la entrega del precio como si hubiere vendido al contado, dejando en favor del comisionista cualquier interés o ventaja que resulte del otorgamiento del plazo.

Cuando estuviere autorizado para vender al crédito, una vez hecha la operación, debe el comisionista comunicarlo al comitente, dándole los nombres de los compradores y las condiciones en que los negocios se llevaron a cabo. A falta de ese informe, el comitente tendrá como hecha la venta al contado y podrá exigir, desde luego, la entrega del precio.

Concordancias

Arts. 438, 439, 447, 456, 495-508.

ARTÍCULO 288.- El comisionista está obligado a cobrar oportunamente los créditos referentes a cada negocio. Si no lo hiciere a su debido tiempo o no usare los medios legales para conseguir el pago procediendo con la debida diligencia, será responsable de los perjuicios que causare su omisión o tardanza.

Concordancia

Art. 1045 C.C.

ARTÍCULO 289.- Cuando el comisionista percibe sobre una venta, además de la comisión ordinaria, otra llamada de garantía, correrán por su cuenta los riesgos de la cobranza, quedando en la obligación directa de satisfacer al comitente el producto de la venta dentro de los mismos plazos pactados con el comprador, asumiendo una responsabilidad solidaria.

ARTÍCULO 290.- Salvo convenio en contrario, el comisionista no puede adquirir directamente para sí, ni por medio de otra persona, los efectos cuya enajenación le haya sido confiada. Tampoco podrá vender sus propios artículos al comitente, salvo convenio en contrario. Comisionado para colocar dinero, no podrá tomarlo para sí aun cuando rinda garantía, salvo expreso y previo consentimiento del comitente.

Concordancias

Art. 317.
Art. 1263 C.C.

ARTÍCULO 291.- Si el comitente ha dado instrucciones de que la mercadería se mantenga o se le envíe si fuere del caso, debidamente asegurada, el comisionista estará obligado a hacerlo siempre que el principal envíe los fondos necesarios para pagar la prima respectiva, o haya hecho los arreglos necesarios para cubrir su importe. El seguro se limitará a los riesgos que indique el comitente.

ARTÍCULO 292.- El comitente está obligado a pagar sin demora al comisionista sus honorarios y gastos. Los honorarios serán expresamente los convenidos entre las partes; a falta de convenio, el comisionista tendrá derecho a la comisión usual en la plaza donde se cumpla el encargo. Mientras no se le cubra o garantice a satisfacción el monto de sus honorarios y gastos justificados, el comisionista tendrá derecho a retener lo necesario para cubrir el crédito a su favor, con preferencia sobre cualquier otro acreedor.

Concordancias

Arts. 322 y 886.
Art. 1273 C.C.

ARTÍCULO 293.- Todas las ventajas que el comisionista pueda obtener en la negociación que se le encarga, beneficiarán exclusivamente al comitente. No podrá el comisionista compensar los daños y perjuicios que irrogue al comitente en un negocio, con las ventajas o beneficios que haya obtenido en otro, pues cada encargo se liquidará enteramente por separado.

Concordancia

Art. 1272 C.C.

ARTÍCULO 294.- El comisionista está obligado, al terminar su trabajo, a rendir cuenta detallada y documentada de su actuación y podrá hacer en el mismo acto la liquidación de su comisión y gastos.

Concordancia

Art. 1269.

ARTÍCULO 295.- Por muerte o inhabilitación del comisionista queda resuelto el contrato de comisión. La muerte del comitente no rescinde el contrato, pero los representantes de la sucesión, o los herederos en su caso, pueden revocarlo liquidando al comisionista su cuenta de honorarios y gastos, por el trabajo ejecutado.

Concordancias

Art. 321.
Arts. 1278 y siguientes C.C.

CAPÍTULO III
DE LOS CORREDORES JURADOS

ARTÍCULO 296.- Corredor jurado es un agente auxiliar de comercio con cuya intervención se pueden proponer, ajustar y probar los contratos mercantiles dentro de las limitaciones que las leyes establecen.

ARTÍCULO 297.- Para ser corredor jurado se requiere:

a) Haber cumplido veintiún años de edad;

b) Ser costarricense y haber ejercido por lo menos durante tres años el comercio en el territorio nacional;

c) Tener preparación suficiente en materias comerciales, la que será justipreciada por el Ministerio de Economía y Hacienda en el expediente respectivo;

d) Tener domicilio en la República; y

e) Ser de notoria buena conducta.

No puede ser corredor jurado el que no pueda ejercer el comercio, o que, habiendo obtenido la calidad de tal, haya infringido la ley en forma que amerite la pérdida de su patente.

Concordancias

Arts. 8, 298, 299, 306, 312 y 313
Arts. 37 y 60 C.C.

ARTÍCULO 298.- Para ejercer la correduría es necesario obtener una patente especial, que extenderá el Ministerio de Economía y Hacienda.

Quien ejerciere el corretaje sin esa patente, no tendrá acción para cobrar comisión de ninguna especie.

Concordancia

Art. 235 f).

ARTÍCULO 299.- Los corredores jurados garantizarán su ejercicio con fianza o cualquier otra garantía a satisfacción del Ministerio de Economía y Hacienda, por la suma que les corresponda según el reglamento que sobre correduría dicte el Poder Ejecutivo. Los fiadores serán solidarios y la garantía no podrá cancelarse sino hasta un año después de haber cesado en sus funciones el corredor jurado, a menos que exista juicio pendiente de responsabilidad, caso en el cual se mantendrá viva la garantía hasta tanto no recaiga sentencia definitiva. El Ministerio verificará cada dos años la bondad de la garantía, a cuyo efecto el interesado aportará la documentación que se le solicite. Caso de no sustituirse la garantía dentro del término de un mes, en el supuesto de haber desmerecido sus condiciones, se cancelará la patente concedida.

Concordancia

Art. 313.

ARTÍCULO 300.- Los corredores jurados propondrán los negocios con exactitud, precisión y claridad y deberán asegurarse de la identidad de las personas entre quienes se tratan los negocios en que intervienen y de su capacidad legal para celebrarlos.

Si por hacer supuestos falsos indujeren en error a los contratantes haciéndoles consentir en un contrato perjudicial, serán responsables de los daños causados. Si a sabiendas o por ignorancia culpable intervinieren en un contrato hecho por persona que según la ley no podía hacerlo, responderán de los perjuicios que se sigan por efecto directo e inmediato de la capacidad del contratante.

Se tendrán por supuestos falsos, haber propuesto un objeto comercial bajo distinta calidad que la que se le atribuye por el uso general del comercio, y dar una noticia falsa sobre el precio que tenga corrientemente en la plaza la cosa sobre que versa la negociación.

ARTÍCULO 301.- Los corredores jurados no responden ni pueden constituirse responsables de la solvencia de los contrayentes.

Serán, sin embargo, garantes en las negociaciones de letras, acciones y otros títulos-valores, de la entrega material del título al tomador, y de la del valor al cedente, a menos que se haya expresamente estipulado en el contrato que los interesados verifiquen las entregas directas.

Además de los casos en que intervengan en la venta de mercadería, están obligados a expresar la calidad, cantidad y precio de las mismas, así como el lugar y época de entrega y la forma de que deba pagarse el precio. Están obligados igualmente, a no ser que los contratantes los exoneren de esa obligación, a conservar las muestras de todas las mercaderías que se vendan con su intervención, hasta el momento de la entrega, tomando las precauciones necesarias para que pueda probarse la identidad, tales como conservar las muestras con su sello, y los de los contratantes, mientras no las reciba a satisfacción al comprador.

Concordancias

Arts. 312 a), 406, 438 a) y c), 455, 673, 688, 694-698, 703, 704, 712, 738, 741, 745, 802 a), y 805.

ARTÍCULO 302.- Los corredores jurados tendrán un libro manual foliado en que llevarán un detalle de todas las operaciones en que intervinieren, una vez concluidas. Expresarán en cada asiento los nombres y domicilio de los contratantes, las calidades, cantidades y precio de los efectos que fuesen objeto de las negociaciones, los plazos y condiciones de pago y todas las circunstancias que pueden contribuir al mayor esclarecimiento de los negocios.

Concordancias

Arts. 313 y 431 b).

ARTÍCULO 303.- Diariamente trasladarán todos los asientos del manual al Registro, libro debidamente foliado y sellado por el Departamento respectivo de la Dirección General de la Tributación Directa, para cuya obtención y renovación se seguirán todos los requisitos establecidos en el capítulo de contabilidad de este Código. La transcripción de esos asientos se hará literalmente, sin enmiendas, abreviaturas e interposiciones, guardando el mismo riguroso orden de fecha y número que deben llevar en el Manual. Cualquier corrección que deba hacerse en el Registro debe salvarse por un nuevo asiento, haciendo la referencia del caso al margen del asiento equivocado.

Concordancias

Arts. 251 y siguientes, 313, y 431 b).

ARTÍCULO 304.- Concluido un libro Registro o cerrado definitivamente por cualquier razón, se depositará en los Archivos Nacionales, donde podrá ser consultado por cualquier persona.

ARTÍCULO 305.- Los corredores jurados deben guardar secreto riguroso en todo lo que concierne a las negociaciones que se les encarguen, aun después de concluidas, bajo la responsabilidad de los perjuicios que se siguieren por no hacerlo así. No podrán revelar en ningún momento a terceros, los nombres de los contratantes, salvo que los interesados consientan expresamente en que sus nombres sean conocidos.

ARTÍCULO 306.- Concluido el contrato, dentro del término de veinticuatro horas el corredor jurado entregará a cada una de las partes contratantes, certificación del asiento de su registro.

Ningún corredor jurado podrá dar certificaciones sino de lo que conste en su registro. Sólo en virtud de mandato judicial podrá atestiguar lo que vio u oyó en relación con los negocios de su oficio.

Al corredor jurado que diere certificación que no se ajuste a lo que constare en sus libros le serán cancelada la patente, sin perjuicio de incurrir en el delito de falsedad.

Concordancias

Arts. 303, 313 y 431.

ARTÍCULO 307.- Los corredores jurados deben ejecutar por sí mismos las negociaciones que se le encomienden. No obstante, si por razones especiales no pudieran hacerlas personalmente, les será permitido ejecutarlas, bajo su entera responsabilidad, por un dependiente suyo o un delegado de su elección.

ARTÍCULO 308.- La intervención de los corredores jurados en los actos mercantiles no es obligatoria para los contratantes, pero si una negociación se iniciare por medio de un corredor jurado, debe concluirse con su intervención, salvo que circunstancias justificadas obliguen a las partes a prescindir de sus servicios.

ARTÍCULO 309.- La comisión u honorarios del corredor jurado será la convenida con la parte en cuyo interés interviniere; a falta de convenio, tendrá derecho a la usual y corriente en la plaza donde la negociación queda consumada. Si en una misma operación intervinieren varios corredores jurados simultáneamente o en forma sucesiva, la comisión se dividirá entre ellos en proporción al trabajo efectuado.

ARTÍCULO 310.- El corredor jurado que acepte el encargo de gestionar en determinado negocio, no puede abandonar su intervención sin causa justa. Al separarse del conocimiento del negocio, siendo justificada su actitud, tendrá derecho a que se le reconociera la parte proporcional del honorario o comisión correspondiente.

ARTÍCULO 311.- Los corredores jurados tendrán todas las demás atribuciones que señala este Código y pueden especialmente llevar a cabo la labor de martilleros o rematadores, y la de peritos, de acuerdo con lo establecido en el Código de Procedimientos Civiles.

Concordancias

Arts. 407 y 536.
Arts. 2, 6, 157-165 C.P.C.

ARTÍCULO 312.- Es prohibido al corredor jurado:

a) Dar, en cualquier negociación o contrato en que intervenga, aval o fianza. El otorgamiento contra esta prohibición será nulo y no producirá efecto alguno en juicio;

b) Comerciar por cuenta propia en el ramo que sea objeto de su actividad como corredor;

c) Ser factor, dependiente o socio de un comerciante;

d) Pertenecer a los consejos de administración, gerencia u otra función en sociedades anónimas; y

e) Adquirir para sí o para otra persona con quien tenga parentesco hasta el cuarto grado inclusive, por consanguinidad o afinidad, los efectos de cuya negociación estuviere encargado, salvo consentimiento expreso en contrario del interesado.

Concordancias

Arts. 301, 509 y siguientes, 755 y siguientes, 33 y siguientes, 313 y siguientes, 369 y siguientes, 181, 187, y 193 y siguientes.

ARTÍCULO 313.- Se sancionará a los corredores jurados con suspensión de seis meses en el ejercicio de sus funciones, cuando no cumplan con las formalidades corrientes en el manejo de sus libros; y con pérdida definitiva de la patente, cuando violen las estipulaciones del artículo anterior. Estas sanciones serán impuestas por el Ministerio de Economía y Hacienda cuando la parte interesada lo pida expresamente y compruebe el cargo.

Concordancias

Arts. 299, 302-304.
Art. 1045 C.C.

CAPÍTULO IV
DE LOS FACTORES

ARTÍCULO 314.- Para ser factor se requiere la capacidad necesaria para contratar conforme al derecho común; y para desempeñar su encargo debe estar provisto de un poder general o generalísimo, según lo disponga el poderdante.

Concordancias

Arts. 7 235 c), 312 c), y 374.
Arts. 1253 y 1255 C.C.

ARTÍCULO 315.- Los contratos hechos por el factor en un establecimiento que notoriamente pertenezca a persona o sociedad conocida, se tienen por celebrados por cuenta del propietario del establecimiento, aun cuando el factor no lo declare al tiempo de celebrarlos, siempre que tales contratos recaigan sobre objetos comprendidos en el giro o tráfico del establecimiento; o si, aun cuando sean de otra naturaleza, resulta que el factor obró con órdenes del comitente, o que éste aprobó su gestión en términos expresos, o por hechos positivos que induzcan a presunción legal.

Concordancias

Arts. 370 y 371.

ARTÍCULO 316.- Los condóminos de un establecimiento, aunque no sean socios, responden solidariamente de las obligaciones contraídas por su factor. La misma regla será aplicable cuando por muerte del propietario, un establecimiento administrado por factor llega a pertenecer a varios herederos.

Concordancias

Arts. 270 y siguientes C.C.

ARTÍCULO 317.- Ningún factor podrá negociar por cuenta propia, ni tomar interés bajo nombre propio o ajeno en negociaciones del mismo género de las que le están encomendadas, salvo autorización expresa del principal. Si no obstante la prohibición que establece este artículo, el factor hiciere tales negociaciones, las utilidades quedarán a beneficio exclusivo del propietario; y en caso de pérdida, el factor lo soportará en forma exclusiva.

Concordancias

Arts. 48, 64 y 90.

ARTÍCULO 318.- El principal no queda exonerado de las obligaciones que a su nombre contraiga el factor, aun cuando pruebe que procedió sin orden suya en una negociación determinada, siempre que el factor estuviese autorizado para celebrarla según el poder en cuya virtud actúe, y corresponda aquélla al giro del establecimiento que está bajo su dirección. El principal no puede sustraerse al cumplimiento de las obligaciones contraídas por su factor a pretexto de que abusó de su confianza, que hizo mal uso de las facultades que le estaban conferidas, o de que consumió en su provecho los efectos que adquirió para su principal. Queda a salvo su acción contra el factor para la indemnización de los posibles daños y perjuicios.

Concordancia

Art. 1275 C.C.

ARTÍCULO 319.- Las multas en que pueda incurrir el factor por contravención a las leyes o reglamentos en las gestiones propias del establecimiento, se harán efectivas en bienes de su principal, sin perjuicio de la responsabilidad del factor frente al propietario del negocio, si tales contravenciones fueren imputables al factor.

ARTÍCULO 320.- Los poderes conferidos a un factor se estimarán en todo caso subsistentes mientras no lo fueren expresamente revocados o no haya sido enajenado el establecimiento de que estaba encargado. La revocatoria surte efecto, en cuanto al factor, desde que reciba la comunicación respectiva del principal, y en cuanto a terceros, desde la presentación al Registro Público de la escritura de revocación.

Concordancias

Arts. 478 y siguientes.
Arts. 1279-1282 C.C.

ARTÍCULO 321.- La muerte del principal no implica la caducidad del mandato. La venta del establecimiento comercial significa terminación del poder. La muerte del factor da por terminado el contrato.

Concordancias

Arts. 478 y siguientes, y 710.
Arts. 1278 inciso 5), 1284, 1286 y 1287 C.C.

ARTÍCULO 322.- El sueldo o emolumento del factor se fijará de acuerdo con lo convenido en el contrato respectivo. A falta de estipulación, se estará a la costumbre del lugar donde el mandato se haya ejercido.

CAPÍTULO V
DE LOS PORTEADORES

ARTÍCULO 323.- Por el contrato de transporte la persona porteadora se obliga a transportar cosas o noticias de un lugar a otro a cambio de un precio. El transporte puede ser realizado por empresas públicas o privadas. Son empresas públicas las que anuncian y abren al público establecimiento de esa índole, comprometiéndose a transportar por precios, condiciones y períodos determinados, siempre que se requieran sus servicios de acuerdo con las bases de sus prospectos, itinerarios y tarifas. Son empresas privadas las que prestan esos servicios en forma discrecional, bajo condiciones y por ajustes convencionales.

El contrato de transporte regulado en este artículo no autoriza el transporte de personas por medio de vehículos automotores.

(Así reformado por el artículo 1 de la ley N° 8955 del 16 de junio del 2011)

Concordancias

Arts. 1175 y siguientes C.C.

ARTÍCULO 324.- El porteador podrá efectuar el transporte por sí mismo, por medio de sus agentes o empleados o por persona o compañía diferente. En este último caso el porteador original y la empresa que efectúe el transporte serán solidariamente obligados para con el remitente por las consecuencias que pudieren originarse por falta de cumplimiento del contrato de transporte.

ARTÍCULO 325.- El contrato de transporte es rescindible a voluntad del cargador antes o después de comenzar el viaje; en el primer caso, pagará al porteador la mitad del precio convenido; y en el segundo la totalidad.

(Así reformado por el artículo 1° de la ley N° 5217 de 22 de junio de 1973)

Concordancia

Art. 325 d) y g).

ARTÍCULO 326.- Contratado un vehículo con el exclusivo objeto de recibir mercadería en un lugar determinado para conducirla a otro, el porteador tendrá derecho al porte completo si no realiza el traslado, siempre que justifique que no le fueron entregadas las mercaderías por el cargador o sus agentes y que no consiguió otra carga de retorno para el lugar de su procedencia. Si ha conducido carga en el viaje de regreso, el porteador sólo podrá cobrar al cargador primitivo la cantidad que falte para cubrir el porte estipulado con él.

Concordancia

Art. 333 d) y g).

ARTÍCULO 327.- El caso fortuito o de fuerza mayor ocurrido antes de emprender el viaje, y que impida la realización de éste, dará lugar a la resolución del contrato sin responsabilidad para ninguna de las partes.

Concordancias

Arts. 333 c) y 336 c).
Art. 692 C.C.

ARTÍCULO 328.- Mientras no termine el viaje el cargador podrá exigir, salvo pacto en contrario, la restitución de la mercadería o que se varíe su destino, y el porteador deberá acatar la orden, siempre que el remitente le haga devolución de la guía debidamente cancelada. Si la contraorden se limita a variar la ruta, se hará constar el cambio correspondiente en la misma carta, si la hubiere, y el precio será el mismo que se estipuló, si la nueva ruta es más corta y favorable que la primitiva; en caso contrario, se hará un nuevo ajuste de conformidad con las tarifas vigentes.

ARTÍCULO 329.- El contrato de transporte puede ser verbal o escrito, pero si una de las partes lo exige, deberá consignarse por escrito. En ese caso, será firmada por ambas partes y firmarán la guía, que deberá contener:

a) Nombres, apellidos y domicilio del cargador y porteador;

b) Nombre, apellidos y domicilio de la persona a quien o a cuya orden vayan dirigidos los efectos, o circunstancias de ser al portador;

c) Lugar de destino y plazo de entrega;

d) Designación de los efectos con expresión de su calidad genérica, peso, medida o número, marcas o signos exteriores de las envolturas que los contienen;

e) Precio de transporte, indicando si está ya pagado total o parcialmente;

f) Fecha de expedición de la guía;

g) Cualquier otro pacto que acordaren los contratantes; y

h) Firmas del remitente y porteador o de sus agentes o representantes.

Concordancias

Arts. 311, 385 y 473.

ARTÍCULO 330.- Las estipulaciones que convengan remitente y porteador sin consignarlas en la guía, no perjudicarán al destinatario ni a terceros que lleguen a ser propietarios de la misma.

ARTÍCULO 331.- La guía puede ser a la orden del consignante o del consignatario o al portador y será trasmisible por endoso o por simple tradición, respectivamente. En todo caso de traspaso hábil, el adquirente se subroga en todos los derechos y obligaciones del remitente.

Concordancias

Arts. 684, 693 y siguientes, 712 y siguientes.

ARTÍCULO 332.- Las declaraciones consignadas en la guía tienen fuerza de ley entre las partes y en consecuencia, como prueba del contrato, servirán de base para resolver todas las cuestiones que puedan surgir con motivo de la ejecución y cumplimiento del mismo, sin admitir otra excepción que la de falsedad. En caso de dolo por parte del porteador, serán pertinentes y eficaces toda clase de pruebas tendientes a justificar que los efectos porteados superaban las enumeraciones de la guía en cantidad o calidad.

Cumplido el contrato, se devolverá al porteador la guía cancelada y en virtud del canje de ese título por el objeto porteado, se tendrán por cumplidas las respectivas obligaciones, salvo en el mismo acto se hicieren constar por escrito las reclamaciones que las partes quisieren plantear.

Caso de que por extravío u otro motivo no pueda el consignatario devolver en el acto de recibir los efectos porteados, la guía suscrita por el porteador, deberá darle un recibo de los objetos entregados, produciendo este recibo los mismos efectos que la devolución de la guía. Al propio tiempo otorgará garantía satisfactoria al porteador, para el caso de que la guía apareciere en manos de un tercer legítimo poseedor. Esa garantía se mantendrá en vigencia por el término de la prescripción que es de seis meses a partir del día de la entrega de la mercadería al destinatario.

Concordancias

Arts. 335, 337 g), 669, 672, 674, 684, 708, 710, 719, 721, y 968 y siguientes.

ARTÍCULO 333.- El remitente está obligado:

a) A entregar al porteador o sus agentes las mercaderías para su traslado en las condiciones, lugar y tiempo convenidos, con los documentos necesarios, municipales o de otra índole para el libre tránsito y transporte de la carga. La mercadería o efectos deben entregarse debidamente empacados y acondicionados para soportar el viaje. Se presumen exentas de vicio y bien acondicionadas cuando el porteador las acepta sin reparos ni objeciones;

b) A sufrir los comisos, multas y demás penas que se le impongan por haber omitido el cumplimiento de requisitos o exigencias legales o reglamentarias para poder efectuar el traslado, y a indemnizar al porteador de los perjuicios que se le causen por esos motivos;

c) A sufrir las pérdidas o averías que procedan de la naturaleza de los artículos porteados, de caso fortuito o fuerza mayor, de la pérdida o menoscabo que pueda sufrir la mercadería por negligencia, culpa o dolo de sus propios empleados o encargados;

d) A indemnizar al porteador de los daños y perjuicios que por falta de cumplimiento del contrato hubiere sufrido de acuerdo con las reglas establecidas en los artículos 325 y 326;

e) A reembolsarle cualquier suma que el porteador se haya visto precisado a suministrar en beneficio del remitente, aun cuando no esté prevista en la guía;

f) A remitir en su oportunidad la guía al consignatario de manera que pueda hacer uso de ella al tiempo de llegar la carga a su destino final; y

g) A pagar el precio del transporte al suscribir la guía. Si se conviniere en que ese precio lo pague el destinatario, el remitente quedará solidariamente obligado a dicho pago.

Concordancias

Arts. 325 y 326.

ARTÍCULO 334.- El remitente tiene derecho:

a) A variar la consignación de las mercaderías mientras estuvieren en camino, si diere con oportunidad la orden respectiva al porteador, entregándole la guía y pagando cualquier diferencia que hubiere;

b) A que se le permita que viajen los empleados de su empresa con todos los seguros de ley al día y debidamente identificados, para cuidar en el trayecto a los animales vivos o a cualquier otro objeto que requiera atención.

(Así reformado el inciso anterior por el artículo 1 de la Ley No. 8955 del 16 de junio del 2011)

c) A exigir la indemnización que provenga de negligencia, culpa o dolo del porteador o sus agentes, así como los daños originados en las malas condiciones de los vehículos o la inadecuada organización de la empresa. Si la guía se trasmite, tales derechos corresponderán al legítimo tenedor de ella.

ARTÍCULO 335.- El porteador está obligado:

a) A recibir las mercaderías para su traslado en el tiempo y lugar convenidos;

b) A colocarlas en lugar conveniente en tanto no se trasladen a los vehículos en que haya de hacerse la conducción;

c) A realizar el viaje dentro del plazo estipulado siguiendo el camino que señale el contrato;

d) Si no hubiere término señalado para iniciar el viaje, lo hará a la mayor brevedad conforme a sus propios reglamentos y costumbres;

e) A cuidar y conservar las mercaderías en calidad de depositario desde que las reciba hasta que las entregue a satisfacción del destinatario;

f) A entregar las mercaderías al legítimo tenedor de la guía. Si el remitente o destinatario alegaren extravió o pérdida de la guía, se les permitirá el retiro de la mercadería mediante recibo y garantía satisfactoria, conforme queda expuesto en el artículo 332, párrafo tercero;

g) A pagar en caso de retardo que le sea imputable, la indemnización convenida, con el cargador, y si no se ha estipulado, pagarle el monto de perjuicio que le haya causado. Dicho perjuicio lo fijará la autoridad judicial competente, por medio de un perito de su nombramiento y siguiendo los trámites correspondientes a los actos de jurisdicción voluntaria;

h) A entregar en la estación o lugar de destino las mercancías en un todo de conformidad con lo consignado en la guía;

i) A responder por las pérdidas, daños y perjuicios que se causen por negligencia, culpa o dolo propio, de sus empleados o encargados. Para calcular la indemnización por la mercadería perdida o averiada, se tomará en cuenta el precio que prive en la plaza de destino;

j) A cumplir la orden del remitente respecto al destino de la mercadería, ya sea dejándola en un determinado lugar del trayecto o llevándola a otro sitio, siempre que por su parte el remitente le devuelva la guía y le pague cualquier diferencia de flete que provenga de la contraorden, todo conforme al artículo siguiente; y

k) En los transportes aéreos, el porteador atenderá por su cuenta los gastos de estancia y traslado de los viajeros que se vean obligados, por razones de servicio, a hacer altos o desviaciones imprevistas en sus rutas y horarios, aunque ello sea sin culpa del porteador.

Concordancias

Arts. 332, 521 y siguientes.

ARTÍCULO 336.- El porteador tiene derecho:

a) A exigir que se le pague el precio de servicio al firmar la guía, salvo pacto en contrario;

b) A percibir la totalidad del porte convenido si por negligencia o culpa del cargador no se verificare el traslado, siempre que en virtud del convenio de transporte, hubiere destinado uno o varios vehículos con el exclusivo objeto de verificarlo, descontándose lo que el porteador hubiere aprovechado por conducción de otras mercaderías en el mismo vehículo;

c) A rescindir el contrato, si antes de iniciar el viaje o ya empezado, un acontecimiento de fuerza mayor lo impidiere;

d) A exigir un aumento proporcional en el porte si con motivo de un acontecimiento de fuerza mayor no fuere posible continuar el viaje por la ruta convenida, resultando así más dispendioso y más largo el trayecto a recorrer; en tal caso, no tendrá derecho a cobrar suma alguna por los gastos ni por el tiempo perdido;

e) A exigir del cargador la apertura y reconocimiento de los bultos que contengan las mercancías al recibirlas para iniciar el viaje. Si el remitente se opusiere a tal diligencia, el porteador quedará libre de toda responsabilidad que no provenga de fraude o dolo. Para poder alegar exención de responsabilidad, debe constar en la guía la negativa del remitente;

f) A que el destinatario le reciba de la carga averiada, las mercancías que estén ilesas, siempre que, separadas de las que han sufrido el menoscabo, no disminuyere su valor, ni sean complemento de lo perdido y mantengan la misma importancia inicial para el destinatario;

g) A retener las mercaderías transportadas, mientras no se le pague el porte;

h) A promover el depósito de mercaderías ante la autoridad judicial competente del lugar del destino, siguiendo el trámite correspondiente a los actos de jurisdicción voluntaria, caso de no encontrarse el consignatario o quien lo represente, o si hallándolo rehusare recibirlas. Antes de hacer el depósito de mercaderías deben ser revisadas por dicha autoridad;

i) A que se venda inmediatamente la mercadería, previo avalúo de un perito nombrado por la autoridad judicial competente del lugar, siguiendo los trámites establecidos para los actos de jurisdicción voluntaria; y

j) A rehusar transportar la mercadería mal empacada o mal acondicionada y que por tal razón pueda sufrir daño durante el viaje, a menos que el remitente insista en el traslado, en cuyo caso la empresa no asumirá riesgo alguno que se derive de tal circunstancia, siempre que así se haga constar en la guía.

Concordancias

Art. 335.

ARTÍCULO 337.- El destinatario está obligado:

a) A recibir las mercaderías sin demora siempre que el estado de las mismas lo permita y que tenga las condiciones expresadas en la guía;

b) A abrir y reconocer los bultos que contengan las mercaderías en el acto de su recepción, cuando así lo pida el porteador. Si el consignatario rehusare cumplir esta obligación, el porteador quedará libre de responsabilidad;

c) A devolver la guía u otorgar en su defecto, el recibo a que se refiere el artículo 332;

d) A pagar el precio del porte, cuando así haya sido expresado en la guía. También pagará cualesquiera otros gastos justificados y pertinentes que el porteador haya hecho para la conservación de los efectos;

e) A formular al porteador, por escrito, dentro de los ocho días hábiles siguientes a la recepción de la mercadería, los reclamos correspondientes, exigiéndole las responsabilidades que haya contraído con motivo del transporte; y

f) A cumplir las órdenes del remitente dándole cuenta sin pérdida de tiempo, de cuanto ocurra respecto de las mercancías porteadas.

Concordancia

Art. 332.

ARTÍCULO 338.- El destinatario tiene derecho:

a) A que se le entregue la mercadería en el lugar de destino, mediante la devolución, por su parte, de la guía;

b) A requerir al portador para que en su presencia y la de un notario y en defecto de éste de dos testigos, se abran los bultos en el momento de la entrega para comprobar posibles daños o menoscabos. En rebeldía del porteador o sus agentes, la diligencia se llevará a cabo por el destinatario con el notario o los testigos en su caso, conforme queda dicho;

c) A que se le reintegren los anticipos que haya suplido; y

d) Si por la apariencia de los bultos, el consignatario los recibiere sin reparo alguno y al abrirlos en su establecimiento o bodega descubriere tales daños o menoscabo, formulará por escrito al porteador, dentro de los ocho días a partir del recibo, el reclamo correspondiente, siempre que compruebe que por la naturaleza del daño, éste ha tenido que ser causado durante el transporte.

ARTÍCULO 339.- Si el porteador llegase a dudar de la fidelidad de las declaraciones del consignante en lo que atañe al contenido de la carga, se procederá a su registro y contraste ante un notario y dos testigos, o ante tres testigos con asistencia del cargador o del destinatario, si pueden ser habidos. Hecho el reconocimiento se levantará acta del resultado, cerrando en el mismo acto los bultos. Si las sospechas del porteador resultaren infundadas, él cargará con todos los gastos de la diligencia; y si, por el contrario, fueren fundadas; el remitente, o en su caso el destinatario, tendrán que pagar esos gastos sin perjuicio de las consecuencias que de su falta de sinceridad en las declaraciones puedan derivarse.

ARTÍCULO 340.- Las empresas públicas de transporte dictarán sus propios reglamentos, tarifas o itinerarios, que deberán ser aprobados por el Ministerio de Gobernación y puestos en lugar visible en sus estaciones y bodegas. Esos reglamentos, tarifas o itinerarios son obligatorios para todos, siempre que se ajusten a las disposiciones legales que rigen la materia.

ARTÍCULO 341.- Las empresas públicas no podrán rehusar recibir pasajeros o efectos para el transporte, siempre que el pasajero o el remitente en su caso, se ajusten y acaten las disposiciones legales y reglamentos de la empresa.

ARTÍCULO 342.- La empresa pública puede recibir para el transporte mercaderías y pasajeros en las estaciones o lugares de tránsito, donde no tenga la empresa oficina abierta. En ese caso, el conductor respectivo recibirá la mercadería o admitirá al pasajero, y el contrato que con ese empleado se celebra en tales circunstancias, obliga a la empresa en los términos expresados.

ARTÍCULO 343.- Las empresas públicas de transporte están obligadas:

a) A imprimir sus reglamentos y fijarlos en lugar visible en las estaciones y bodegas, una vez que hayan sido aprobados por el Ministerio de Gobernación;

b) A dar a los pasajeros billetes de asiento y a sus cargadores la guía respectiva. No podrá la empresa vender más billetes del número de asientos que contenga el vehículo;

c) A emprender y concluir el viaje en los días y horas señalados en los anuncios, aunque no estén tomados todos los asientos o haya espacio sobrante en el vehículo;

d) A entregar la carga en los puntos convenidos tan pronto como llegue a su destino. La entrega se hará al legítimo tenedor de la guía. Si no se presentare el destinatario a retirar la mercadería a la llegada del vehículo, la empresa la conservará en sus bodegas mientras no se presente el interesado a retirarla. En el reglamento respectivo se consignará el término durante el que podrán permanecer las mercaderías en la bodega a partir del cual y desde ese momento deberá el interesado reconocer bodegaje; y

e) A no variar las tarifas establecidas antes de que las nuevas sean aprobadas por el organismo competente. Una vez aprobadas, si el cambio significa rebaja, se aplicarán inmediatamente; pero si se acuerda una alza, no podrá aplicarse antes de un mes a partir de la publicación respectiva. La empresa no podrá dar trato especial a ningún cliente; si lo hiciere, quedará obligada a reconocer igual ventaja a todos los que hubieren solicitado el servicio de la empresa con posterioridad a la fecha en que se compruebe que se hizo la rebaja de tarifas a determinada persona o empresa. Quedan a salvo los casos de pasajes oficiales y de cumplimiento. También pueden conceder rebajas o exenciones siempre que éstas tengan carácter general y puedan ser aprovechadas por todos aquellos que reúnan las condiciones exigidas para merecer las rebajas o exenciones.

ARTÍCULO 344.- Cuando el destinatario no pueda ser habido, y vencido el término durante el cual pueden permanecer las mercaderías en las bodegas del porteador, a petición de éste la autoridad competente del lugar en que se hallen, procederá al depósito y remate de las mismas, siguiendo el trámite de los actos de jurisdicción voluntaria. El producto del remate será para cubrir el valor del porte, intereses y demás gastos, quedando cualquier remanente a disposición del destinatario.

Concordancias

Arts. 157 y siguientes, 177 y 178 C.P.C.

ARTÍCULO 345.- Incurrirá en las responsabilidades que consigna el artículo 1048 del Código Civil, cualquier empresa pública de transporte en los casos de muerte o lesión de algún pasajero, lo mismo que en los casos de siniestros o accidentes ferroviarios motivados en los actos de sus agentes o factores en el desempeño de las funciones u oficios que ejerzan.

Podrá incoarse la acción civil respectiva, si la víctima muere o se inhabilita, por las personas que enumera el artículo 162 del Código Civil (*), aun cuando no disfruten o no necesiten de la pensión alimenticia; en tal caso el monto de la indemnización lo fijarán los tribunales de justicia y se cancelará en una sola cuota.

*(*NOTA: se refiere al actual artículo 169 del Código de Familia)*

Concordancias

Arts. 323-325, 327, 335 k), 340-342, y 346
Art. 1048 CC.

ARTÍCULO 346.- Serán nulos y de ningún valor ni efecto los documentos y piezas en que la empresa decline o restrinja su obligación de resarcir daños aun cuando sean aprobados por el interesado, salvo en los casos siguientes:

a) Cuando se trate de transporte de animales vivos;

b) Cuando se refiera a mercaderías que por su propia naturaleza sufran deterioro o menoscabo;

c) Cuando a solicitud del remitente los efectos viajen en carros, naves o vehículos descubiertos, cuando los usos y la lógica aconsejan que deben viajar en vehículos cubiertos o entoldados;

d) Cuando viajen los efectos bajo la vigilancia de los propios empleados del remitente; y

e) Cuando provengan de fuerza mayor o propia falta del pasajero o del remitente en su caso.

ARTÍCULO 347.- Todo reclamo que surja con motivo del contrato de transporte, ya sea del cargador o del destinatario, contra el porteador, o ya sea de éste contra alguno de aquéllos, debe formularse por escrito dentro de los ocho días hábiles siguientes, pero la demanda judicial podrá plantearse dentro de los seis meses siguientes, siendo éste el término de la prescripción que rige en esta materia.

Los ocho días de que habla el párrafo anterior para formular el reclamo, corren para el porteador desde el momento en que reciba la mercadería para portear o desde la entrega de la mercadería al destinatario, según el caso; para el remitente, desde el momento en que tenga conocimiento del daño causado; y para el destinatario, desde el momento en que retire la mercadería de la estación o bodega de destino. Los seis meses para plantear la demanda judicial comenzarán a correr, en todo caso, al día siguiente de terminado el viaje y que la mercadería esté a disposición del destinatario en la estación o bodega respectiva.

Concordancias

Arts. 337 e), 338 d), 968 y siguientes.

ARTÍCULO 348.- Lo referente a transporte aéreo se regirá por las disposiciones del presente capítulo, en cuanto no esté expresamente contradicho por el (*) Decreto-Ley No. 762 del 18 de octubre de 1949.

*(*NOTA: este Decreto fue derogado. Se refiere a la Ley de Aviación Civil, materia regulada hoy por Ley No. 5150 de 14 de mayo de 1973 y sus reformas)*

CAPÍTULO VI
DE LOS AGENTES VIAJEROS

ARTÍCULO 349.- Los agentes viajeros se clasifican en dos grupos:

a) Los que viajan como empleados de determinada casa, mediante el pago de sueldo fijo, porcentaje u otra clase de remuneración; y

b) Los que viajan por su cuenta y riesgo, actuando en beneficio de un comerciante o de varios. Los primeros se denominan agentes viajeros dependientes, y los segundos, agentes viajeros independientes.

ARTÍCULO 350.- Los agentes viajeros dependientes contratan debidamente autorizados, por cuenta de una determinada casa. Efectúan su labor dentro o fuera del territorio nacional; recorren el itinerario que les fije su principal; llevan a cabo los contratos de compra-venta de mercaderías en firme; cobran los créditos a favor de la casa y llevan a cabo los demás actos o contratos que la casa principal les encargue. No podrán concertar negocios por cuenta propia ni representar a más de un comerciante o industrial.

ARTÍCULO 351.- Los contratos que celebren los agentes viajeros independientes, siempre lo serán ad-referéndum, de modo que no se considerarán firmes en tanto la casa principal no les dé su aprobación. Una vez ratificado el contrato por la casa, obliga a ambas partes como si personalmente hubieren contratado.

Concordancias

Arts. 357 y 365.

ARTÍCULO 352.- El agente viajero independiente desarrollará sus actividades del modo que estime conveniente, y está en libertad de dedicarse a cualquier otra clase de negocios, siempre que sean distintos de aquéllos que realicen en virtud de su calidad de agente, salvo que en el contrato respectivo se excluya esa prohibición.

ARTÍCULO 353.- A falta de convenio especial, el agente viajero a comisión percibirá un porcentaje proporcional a la cuantía del negocio que se realice por su intervención, de acuerdo con las costumbres del lugar donde el negocio se efectúe.

ARTÍCULO 354.- Si por dolo o culpa grave del principal no se ejecutare el negocio en todo o en parte, el agente conservará el derecho de reclamar el importe de la comisión.

ARTÍCULO 355.- Si el agente independiente tuviere asignada en el contrato una zona determinada en forma exclusiva, le corresponderá una comisión por los negocios de su ramo que se realicen por el principal o por otro dependiente suyo en dicha zona, aunque el agente no haya intervenido en los mismos.

ARTÍCULO 356.- El agente independiente trasmitirá sin dilación al principal las proposiciones que reciba y dará cuenta inmediata de los contratos que realice cuando estuviere autorizado para ello. Todos los pedidos que recibe el agente independiente se entenderán como simples propuestas que no serán obligatorias para el principal, sino en el momento en que expida la carta o despacho aceptándolo. El envío de la mercadería conforme al pedido indica aceptación. El principal tendrá derecho de aceptar o rechazar las proposiciones de contratación, sin estar obligado a dar a conocer las causas o motivos que lo hayan determinado. Los pedidos hechos a los agentes independientes quedan firmes en cuanto al comprador, desde el momento en que se hacen y firman por el comprador y el agente.

ARTÍCULO 357.- Todo agente viajero está obligado a ostentar un poder o autorización que lo capacite para actuar a nombre del principal.

Concordancia

Art. 351.

ARTÍCULO 358.- Todo agente viajero, una vez concluido el negocio a su cargo, rendirá cuentas detalladas y documentadas a su principal. Las especies en metálico que de su principal tenga, debe entregarlas sin dilación y cualquier pérdida que ocurra correrá por su cuenta y riesgo, así sea motivada en un caso fortuito. La retención indebida lo obliga a reconocer intereses legales y los perjuicios que irrogue a su principal por la falta de entrega oportuna, además de la posible acción penal si ha procedido dolosamente.

ARTÍCULO 359.- En cuanto a los agentes viajeros de casas extranjeras se regirán por las disposiciones de los tratados internacionales, y en defecto de éstos, por las disposiciones de este capítulo.

CAPÍTULO VII
DE LOS REPRESENTANTES DE CASAS EXTRANJERAS

ARTÍCULO 360.- Se denominan representantes o distribuidores de casas extranjeras o de sus sucursales, filiales y subsidiarias, toda persona natural o jurídica, que en forma continua y autónoma, con o sin representación legal actúe colocando órdenes de compra o de venta directamente a las firmas importadoras o exportadoras locales sobre la base de comisión o porcentaje, o prepare, promueva, facilite o perfeccione la venta de mercaderías o servicios que otro comerciante industrial extranjero venda o preste.

(Así reformado por el artículo 1° de la ley No. 5457 del 20 de diciembre de 1973. NOTA: Se recomienda ver Ley de Protección al Representante de Casas Extranjeras, sus reformas y su Reglamento)

Concordancias

Arts. 349 b) y 350.

ARTÍCULO 361.- Para ser representante de casas extranjeras se requiere:

a) Ser costarricense o extranjero debidamente establecido en forma permanente en el territorio nacional;

b) DEROGADO

(Derogado por el artículo 3 de la Ley N ° 8629 del 30 de noviembre de 2007).

c) Tener preparación suficiente en materia comercial y ser de reconocida solvencia y honorabilidad; y

d) DEROGADO

(Derogado por el artículo 70, inciso h) del segundo grupo de incisos, de la Ley No. 7472 de 20 de diciembre de 1994)

Concordancias

Arts. 8 y 235.

ARTÍCULO 362.- DEROGADO

(Derogado por el artículo 70, inciso h) del segundo grupo de incisos, de la Ley No. 7472 de 20 de diciembre de 1994)

ARTÍCULO 363.- El representante de casas extranjeras actúa siempre por cuenta de las firmas que representa y no será responsable por el incumplimiento de éstas. Su responsabilidad se limita al estricto cumplimiento de las instrucciones que reciba de las firmas que represente, ajustándose a la más rigurosa moralidad y ética comercial.

Concordancias

Arts. 79, 235, 479 y 480.

ARTÍCULO 364.- DEROGADO

(Derogado por el artículo 70, inciso h) del segundo grupo de incisos, de la Ley No. 7472 de 20 de diciembre de 1994)

ARTÍCULO 365.- Ratificado por la casa principal un contrato de compraventa de mercaderías celebrado por un representante de casas extranjeras, queda firme; las cuestiones que surjan con motivo de ese contrato serán resueltas por los tribunales locales y conforme a las leyes del país. La demanda respectiva se notificará a la casa en su domicilio, previniéndole que debe nombrar a una persona que radique en el lugar en que el tribunal está ubicado para que la represente en el juicio, y que de no hacerlo se seguirán los procedimientos con un representante legal. Si por haber cambiado de domicilio, o por cualquier otra circunstancia, no fuere posible notificar a la casa, se procederá de conformidad con las disposiciones del Código de Procedimientos Civiles (*), relativas a la tramitación de un juicio contra persona de domicilio ignorado. Queda a salvo lo que sobre el particular digan los tratados respectivos.

(NOTA: actualmente Código Procesal Civil)*

Concordancia

Art. 351.

ARTÍCULO 366.- Todas las firmas extranjeras a que se refiere esta Capítulo pueden hacer libremente sus negocios en Costa Rica por medio de distribuidores, concesionarios, apoderados o factores y representantes de casas extranjeras, los que deberán ser costarricenses o extranjeros con las limitaciones que establece el artículo 362, excepción hecha de agencias y sucursales de compañías extranjeras cuyos productos se elaboren en nuestro país, las cuales pueden ejercer directa y libremente la distribución y representación de sus propias líneas y de las de origen centroamericano debidamente comprobado.

(Así reformado por el artículo 1 de la Ley No. 4625 de 30 de julio de 1970. Artículo 362 citado fue derogado.)

Concordancias

Arts. 5 b), c) y e), 226 y 232.

CAPÍTULO VIII
DE LOS CONTABILISTAS Y DEPENDIENTES

ARTÍCULO 367.- DEROGADO

(Derogado por el artículo 2 de la Ley No. 4319 de 5 de febrero de 1969)

ARTÍCULO 368.- Los asientos que el Contador Privado practique en los libros, obligan al principal para con los terceros, como si él personalmente los hubiera hecho.

*(Así reformado por el **artículo 2 de la Ley N. 4319 de 5 de febrero de 1969)***

Concordancias

Arts. 253, 258 y 374.

ARTÍCULO 369.- Son dependientes las personas a quienes el principal encarga la ejecución de determinadas operaciones de su actividad comercial, dentro del establecimiento.

Concordancias

Arts. 312 c), 349 a), y 350.

ARTÍCULO 370.- Los dependientes que atienden al público deberán estar facultados para realizar las operaciones de que estuvieren encargados, y cobrarán en el mismo acto el precio de las mercancías vendidas por ellos, salvo que el principal anuncie al público que los pagos deberán hacerse a la caja.

ARTÍCULO 371.- Los actos de los dependientes obligan a su principal en las operaciones que les estuvieren encomendadas expresamente.

Concordancia

Art. 318.

ARTÍCULO 372.- Si un comerciante por medio de circular dirigida a sus corresponsales autorizare a un empleado para hacer determinadas operaciones de su ramo, serán válidos y obligatorios los contratos que el empleado celebre con las personas a quienes se comunicó la circular, siempre que el acto o contrato llevado a cabo se halle dentro de las funciones confiadas a dicho comisionado. Igual comunicación es necesaria para que la correspondencia de los comerciantes, firmada por el dependiente, sea eficaz con respecto a las obligaciones que por ella se contraigan.

La autorización que se otorgue a un dependiente para girar contra cuenta corriente bancaria, debe darse por escrito.

Concordancias

Arts. 460, 612 y siguientes, 681 y 682.

ARTÍCULO 373.- Cuando un comerciante encarga a su dependiente la recepción de las mercaderías que deben entrar en su poder; y éste las recibe sin oponer reparo en su cantidad, se tiene por bien hecha la entrega y no se admitirán sobre ella más reclamaciones que las que podrían tener lugar si el comerciante en persona las hubiere recibido.

Concordancia

Art. 450.

ARTÍCULO 374.- Ni los factores, ni los contabilistas, ni dependientes de comercio podrán delegar en otros los encargos que reciban de sus principales, sin el consentimiento expreso de éstos; y caso de hacer esta delegación sin mediar autorización, responderán directamente de las gestiones de los sustitutos y de las obligaciones contraídas por ellos.

Concordancias

Arts. 277, y 314 y siguientes.

CAPÍTULO IX
DE LOS AGENTES O CORREDORES DE ADUANA

ARTÍCULO 375.- DEROGADO.

(Derogado por el artículo 255, inciso a), de la Ley General de Aduanas No. 7557 de 20 de octubre de 1995)

ARTÍCULO 376.- DEROGADO.

(Derogado por el artículo 255, inciso a), de la Ley General de Aduanas No. 7557 del 20 de octubre de 1995)

ARTÍCULO 377.- DEROGADO.

(Derogado por el artículo 255, inciso a), de la Ley General de Aduanas No. 7557 del 20 de octubre de 1995)

ARTÍCULO 378.- DEROGADO.

(Derogado por el artículo 255, inciso a), de la Ley General de Aduanas No. 7557 del 20 de octubre de 1995)

ARTÍCULO 379.- DEROGADO.

(Derogado por el artículo 255, inciso a), de la Ley General de Aduanas No. 7557 del 20 de octubre de 1995)

ARTÍCULO 380.- DEROGADO.

(Derogado por artículo 4 de la Ley No. 8373 de 18 de agosto de 2003).

ARTÍCULO 381.- DEROGADO

(Derogado por el artículo 4 de la Ley No. 8373 de 18 de agosto de 2003).

ARTÍCULO 382.- DEROGADO.

(Derogado por artículo el 4 de la Ley No. 8373 de 18 de agosto de 2003).

ARTÍCULO 383.- DEROGADO.

(Derogado por artículo 4 de la Ley No. 8373 de 18 de agosto de 2003).

ARTÍCULO 384.- DEROGADO.

(Derogado por artículo 4 de la Ley No. 8373 de 18 de agosto de 2003).

ARTÍCULO 385.- DEROGADO.

(Derogado por artículo 4 de la Ley No. 8373 de 18 de agosto de 2003).

ARTÍCULO 386.- DEROGADO.

(Derogado por artículo 4 de la Ley No. 8373 de 18 de agosto de 2003).

ARTÍCULO 387.- DEROGADO.

(Derogado por artículo 4 de la Ley No. 8373 de 18 de agosto de 2003).

ARTÍCULO 388.- DEROGADO.

(Derogado por artículo 4 de la Ley No. 8373 de 18 de agosto de 2003).

ARTÍCULO 389.- DEROGADO.

(Derogado por artículo 4 de la Ley No. 8373 de 18 de agosto de 2003).

ARTÍCULO 390.- DEROGADO.

(Derogado por artículo 4 de la Ley No. 8373 de 18 de agosto de 2003).

ARTÍCULO 391.- DEROGADO.

(Derogado por artículo 4 de la Ley No. 8373 de 18 de agosto de 2003).

ARTÍCULO 392.- DEROGADO.

(Derogado por artículo 4 de la Ley No. 8373 de 18 de agosto de 2003).

ARTÍCULO 393.- DEROGADO.

(Derogado por artículo 4 de la Ley No. 8373 de 18 de agosto de 2003).

ARTÍCULO 394.- DEROGADO.

(Derogado por artículo 4 de la Ley No. 8373 de 18 de agosto de 2003).

ARTÍCULO 395.- DEROGADO.

(Derogado por artículo 4 de la Ley No. 8373 de 18 de agosto de 2003).

ARTÍCULO 396.- DEROGADO.

(Derogado por artículo 4 de la Ley No. 8373 de 18 de agosto de 2003).

ARTÍCULO 397.- DEROGADO.

(Derogado por artículo 4 de la Ley No. 8373 de 18 de agosto de 2003).

TÍTULO IV

CAPÍTULO ÚNICO
DE LAS BOLSAS DE COMERCIO

ARTÍCULO 398.- Las bolsas de comercio necesariamente deberán constituirse como sociedades anónimas abiertas, con arreglo a las normas legales que rigen a tales sociedades, en cuanto no estuvieren especialmente modificadas por este capítulo. No podrán constituirse con menos de diez accionistas y sus acciones serán siempre nominativas.

Concordancias

Arts. 102 y siguientes, y 400.

ARTÍCULO 399.- La escritura constitutiva de la sociedad deberá ser aprobada por el Ministerio de Hacienda, previa consulta sobre la conveniencia al Ministerio o ente estatal que se estime competente, en relación con la naturaleza de la bolsa que se pretende instalar.

Las bolsas de valores se regirán por la Ley Reguladora del Mercado de Valores.

Concordancias

Arts. 19 y 400.

ARTÍCULO 400.- Además de los requisitos indicados en los dos artículos anteriores, para la formación de una bolsa de mercancías, se requieren los siguientes:

a) Los fundadores no podrán suscribir ni llegar a poseer en ningún momento una proporción mayor del cuarenta por ciento (40%) del capital autorizado. El sesenta por ciento (60%) o más debe ponerse a disposición del Ministerio de Hacienda, para que éste coloque dichas acciones entre el público. El Estado, el Banco Central de Costa Rica y las instituciones de crédito del Estado, pueden adquirir acciones en dichas sociedades.

b) La sociedad deberá rendir garantía por un monto igual al del capital autorizado, para responder por el fiel cumplimiento de todos los requisitos exigidos en esta ley y en los reglamentos respectivos. Dicha garantía será de carácter permanente y podrá consistir en hipotecas, cédulas o créditos hipotecarios, fianza solidaria de persona que posea bienes suficientes, depósitos en dinero efectivo de carácter irrevocable o bono de garantía emitido por el Instituto Nacional de Seguros, todo a satisfacción del referido ministerio.

c) La sociedad quedará sometida a la vigilancia permanente del Banco Central de Costa Rica y será ejercida de acuerdo con los reglamentos que esa institución promulgue, los cuales se referirán a las normas que deban seguirse para efectuar las operaciones de bolsa; a las normas que deben seguirse para el ordenado funcionamiento de la bolsa y a las tarifas del Estado o de sus instituciones que sean colocadas por su medio.

Estos reglamentos los autorizará el Banco Central de Costa Rica, a propuesta de la bolsa interesada.

(NOTA: Según el dictamen No. C-124-2005, suscrito por el Dr. Fernando Castillo Víquez, Procurador Constitucional, el inciso c) de este artículo ha sido derogado tácitamente por el "transitorio" IX de la Ley No. 7732 de 17 de diciembre de 1997, Ley Reguladora del Mercado de Valores).

d) Los reglamentos que emitan las bolsas que contengan los requisitos para la autorización de corredores de bolsa, deben quedar registrados en el ministerio o ente estatal respectivo, y tener su visto bueno, así como los derechos iniciales o periódicos que aquéllos deben pagar a la bolsa.

ARTÍCULO 401.- Las utilidades netas de estas sociedades serán distribuidas en la siguiente forma:

a) El 5% para la formación e incremento de la reserva legal, hasta completar el 20% del capital;

b) El 10% para la formación de una reserva especial hasta completar el 40% del capital; y

c) El remanente se distribuirá de conformidad con lo que acuerde la asamblea de accionistas.

Concordancias

Arts. 142-144, y 155 b).

ARTÍCULO 402.- En las bolsas se podrán llevar a cabo, libremente, toda clase de contratos de comercio que se indique en la escritura social, excepto aquellos que sean prohibidos por las leyes o estén reservados a las bolsas de valores. Cualquier persona, natural o jurídica, podrá contratar en la bolsa, dependiendo de la naturaleza de ésta:

a) La compraventa de toda clase de metales, conforme con la ley que autorice esa clase de operaciones.

b) La compraventa de toda clase de mercancías, conforme con las muestras que se exhiban.

c) La compraventa de toda clase de productos agrícolas.

d) La compraventa de toda clase de objetos de arte, ya se coticen como simple mercancía o tomando en cuenta su valor histórico, arqueológico o de otra índole.

e) Todas las demás operaciones propias de esta clase de actividades que sean lícitas y no estén expresamente prohibidas, o no estén reservadas para las bolsas de valores.

ARTÍCULO 403.- DEROGADO.

(Derogado por el artículo 9 de la ley No. 7201 del 10 de octubre de 1990).

ARTÍCULO 404.- DEROGADO.

(Derogado por el artículo 192 de la Ley Reguladora del Mercado de Valores No. 7732 de 17 de diciembre de 1997)

ARTÍCULO 405.- DEROGADO.

(Derogado por el artículo 192 de la Ley Reguladora del Mercado de Valores No. 7732 de 17 de diciembre de 1997)

ARTÍCULO 406.- Cualquier valor no registrado en la bolsa puede negociarse por medio de ésta, bajo la responsabilidad exclusiva de las partes que intervienen en la contratación y mediante el pago de los derechos correspondientes establecidos por la bolsa, limitándose la intervención de ésta a dar a conocer, en la forma que estime conveniente, datos relativos a tales operaciones.

Concordancia

Art. 399.

ARTÍCULO 407.- Todas las operaciones que los particulares deseen hacer en la bolsa, deben ser propuestas y realizadas por medio de un puesto de bolsa, que las efectuará a través de sus agentes debidamente autorizados por la bolsa. Los agentes no podrán efectuar en la bolsa operaciones a su nombre o por cuenta propia, y actuarán bajo la responsabilidad del puesto. La bolsa puede suspender o cancelar la concesión al puesto, o bien la autorización al agente, en cualquier momento, por causa justificada. En los reglamentos de la bolsa se fijarán las bases para el pago de comisiones y demás cargos, así como las respectivas tarifas, derechos de inscripción y otras aplicables a las transacciones que se efectúen en la bolsa o que correspondan a los puestos. Estos reglamentos serán emitidos por la bolsa, de conformidad con las disposiciones de este capítulo.

ARTÍCULO 408.- En la negociación de títulos-valores del Estado o de sus instituciones, los corredores o agentes autorizados responden de la legitimidad de los títulos ofrecidos por ellos por cuenta de particulares, y en la otra clase de valores responden del derecho del dueño para traspasarlos y de su propio derecho para hacer en firme la oferta de venta o de compra. Tratándose de mercaderías o de productos, los corredores o agentes deben suministrar a la bolsa las muestras conforme a las cuales proponen la venta, debiendo responder de que son representativas de los lotes o cantidades ofrecidas. La bolsa estará en la obligación de velar porque todos estos requisitos se cumplan y de permitir el libre acceso a todos los informes que tengan en su poder para comprobar la validez de los registros, inscripciones y transacciones que se hagan o deseen hacer por su medio. Sin embargo, la bolsa no garantizará la solvencia de las sociedades cuyas acciones, títulos-valores o efectos de comercio hubieren sido inscritos o negociados en la misma, ni la de los proveedores o compradores de mercaderías adquiridas por su medio. Tampoco podrá garantizar el pago de dividendos o intereses sobre ninguna clase de acciones o títulos, siendo su única responsabilidad responder de que se han cumplido todos los requisitos exigidos por la ley para efectuar las operaciones, que son legítimos los documentos que dieron origen a las mismas y que el corredor o agente intermediario está debidamente autorizado.

Concordancias

Arts. 399 y 820.

ARTÍCULO 409.- La bolsa formará un boletín de cotizaciones, que comprenderá los resultados de sus operaciones, ya sean diarias, semanales o mensuales, en el cual se consignará también el movimiento que hubieren tenido los efectos o mercancías negociadas, con indicación de la clase, números, cantidades y valores correspondientes, así como todos los demás datos o informes sobre precios máximos y mínimos que permitan dar clara idea del movimiento de la bolsa, durante los períodos de que se trate.

El boletín se registrará fielmente en un libro o registro que con ese objeto llevará la bolsa, y los datos se publicarán periódicamente en el diario oficial La Gaceta, en forma resumida.

ARTÍCULO 410.- Está prohibido a la bolsa, a los puestos y a sus agentes, suministrar listas de accionistas de las sociedades, cuyos valores hubieren sido registrados en la bolsa, así como divulgar a terceros los nombres de las personas que hubieren efectuado operaciones por su medio, sin perjuicio de la identificación que debe hacer de los valores o mercancías negociadas. Las negociaciones que se efectúen en contravención a lo establecido en este capítulo, no producirán efecto alguno como actos de comercio, sin perjuicio de la responsabilidad de orden penal que, conforme con las leyes, cupiere a los contratantes.

LIBRO SEGUNDO

TÍTULO I
OBLIGACIONES Y CONTRATOS

CAPÍTULO I
DISPOSICIONES GENERALES

ARTÍCULO 411.- Los contratos de comercio no están sujetos, para su validez, a formalidades especiales, cualesquiera que sean la forma, el lenguaje o idioma en que se celebren, las partes quedarán obligadas de manera y en los términos que aparezca que quisieron obligarse. Se exceptúan de esta disposición los contratos que, de acuerdo con este Código o con leyes especiales, deban otorgarse en escritura pública o requieran forma o solemnidades necesarias para su eficacia.

(Así reformado por el artículo 68 (actual 81) de la Ley sobre Igualdad de Oportunidades para las Personas con Discapacidad No. 7600 de 2 de mayo de 1996)

Concordancias

Arts. 510, 537, 554, 614, 635, y 776 y siguientes.
Art. 1022 C.C.

ARTÍCULO 412.- Cuando la ley exija consignar por escrito un contrato, esta disposición incluirá también el braille y se aplicará igualmente a todas las modificaciones del contrato.

(Así reformado por el artículo 68 (actual 81) de la Ley sobre Igualdad de Oportunidades para las Personas con Discapacidad, No. 7600 de 2 de mayo de 1996)

Concordancias

Arts. 510, 537, 554, 614, 635; y 667 y siguientes.

ARTÍCULO 413.- Los contratos que por disposición de la ley deban consignarse por escrito, llevarán las firmas originales de los contratantes. Si alguno de ellos no puede firmar, lo hará a su ruego otra persona, con la asistencia de dos testigos a su libre elección. La persona ciega o con deficiencias visuales que lo requiera firmará por sí misma en presencia de dos testigos a su libre elección. Las cartas, telegramas o facsímiles equivaldrán a la forma escrita, siempre que la carta o el original del telegrama o facsímil estén firmados por el remitente, o se pruebe que han sido debidamente autorizados por este.

(Así reformado por el artículo 68 (actual 81) de la Ley sobre Igualdad de Oportunidades para las Personas con Discapacidad No. 7600 de 2 de mayo de 1996)

ARTÍCULO 414.- La firma reproducida por algún medio mecánico no se considerará eficaz, salvo los negocios, actos o contratos en que la ley o el uso lo admitan, especialmente cuando se trate de suscribir valores emitidos en número considerable.

Concordancias

Arts. 133, 679 y 681.

ARTÍCULO 415.- DEROGADO.

(Derogado por el artículo 81 (actual 94), inciso a), de la Ley sobre Igualdad de Oportunidades para las Personas con Discapacidad No. 7600 de 2 de mayo de 1996)

ARTÍCULO 416.- Las disposiciones del derecho civil referentes a la capacidad de los contratantes, a las excepciones y a las causas que rescinden o invalidan los contratos, por razón de capacidad, serán aplicables a los actos y contratos mercantiles, con las modificaciones y restricciones de este Código.

Concordancias

Arts. 7, 8 y 517
Arts. 835 inciso 3) y 836 inciso 3) C.C.

ARTÍCULO 417.- En los contratos mercantiles no se reconocerán términos de gracia o de cortesía, y en los cómputos de días, meses y años, se entenderán: el día hábil, de veinticuatro horas; los meses, según están designados en el calendario gregoriano, y el año, podrá establecerse de trescientos sesenta y cinco días o de trescientos sesenta días, según lo acuerden las partes.

(Así reformado por el artículo 1.25 de la Ley No. 8507 del 28 de abril de 2006)

ARTÍCULO 418.- Las obligaciones mercantiles pagaderas el día indicado en el contrato, y a falta de estipulación sobre el particular, serán exigibles inmediatamente, salvo que por la naturaleza del negocio, o por la costumbre establecida, se requiera de un plazo. En consecuencia, los efectos de la mora comenzarán:

a) En los contratos que tuvieren día señalado para su cumplimiento, ya por voluntad de las partes o por disposición de la ley, el día siguiente de su vencimiento; y

b) Los casos que no tengan plazo señalado, desde el día siguiente a aquél en que el acreedor requiera al deudor, judicial o extrajudicialmente. El recibo de la oficina de correos hace presumir, salvo prueba en contrario, que la carta o telegrama remitido se refiere al requerimiento extrajudicial.

Concordancias

Arts. 503, 728 y 801.
Art. 774 C.C.

ARTÍCULO 419.- Las obligaciones mercantiles se cumplirán en el lugar determinado en el contrato. A falta de indicación sobre el particular, el cumplimiento tendrá si se verificara según la naturaleza del negocio, o cuando la ley o la costumbre, lo determinen. Tratándose en las obligaciones pagaderas en dinero, efectos de comercio u otros valores, en que no se hubiere señalado domicilio para la entrega, ésta se hará en el establecimiento comercial u oficina del deudor, y en su defecto en la residencia de éste.

Concordancias

Art. 503.
Art. 778 C.C.

ARTÍCULO 420.- Cuando se haya estipulado que la obligación ha de ser pagada por tractos sucesivos, salvo convenio en contrario, la falta de un pago dará por vencida y hará exigible toda la obligación.

Concordancias

Arts. 434, 456, 512, 580, 758 y 802 b).
Arts. 773 y 777 inciso 3) C.C.

ARTÍCULO 421.- Si en el contrato no se determinare con toda precisión la especie y calidad de mercaderías que han de entregarse, el acreedor no podrá exigir la mejor, ni el deudor podrá cumplir entregando la peor. En este caso deberá conformarse el acreedor con la de especie y calidad media. Si no hubiere entendimiento, la cuestión será resuelta por la autoridad judicial competente, siguiendo los trámites establecidos para los actos de jurisdicción voluntaria.

Concordancias

Art. 770 C.C.
Arts. 177 y 178 C.P.C.

ARTÍCULO 422.- Cuando una obligación deba cumplirse o algún acto jurídico verificarse a la terminación de un plazo, el vencimiento se regulará de acuerdo con las siguientes normas:

a) Si se fijare en días, no se contará aquél en que se firmó el contrato y la deuda vencerá el último día del plazo.

b) Si se fijare en semanas, la deuda vencerá en la última semana, el día que corresponda por su nombre a aquél en que se firmó el contrato; y

c) Si el plazo se fijare en meses, la deuda vencerá el día que en el último mes corresponda por su número al día en que se firmó el contrato; si en el último mes no hubiere día correspondiente, la obligación se cumplirá el último día de dicho mes.

La expresión "medio mes" equivale a quince días; si el plazo es de uno o varios meses y de medio mes más, los quince días se contarán en último lugar.

Cuando una obligación debe cumplirse dentro de cierto plazo, el deudor deberá satisfacerla antes de su expiración.

Concordancias

Arts. 512, 677, 761, 797 y 798.
Arts. 773-776 C.C.

ARTÍCULO 423.- Las obligaciones mercantiles no serán exigibles sino durante las horas habituales de trabajo. Si la obligación vence un día domingo, un feriado, un día de asueto o en otro día que por fuerza mayor el establecimiento donde deba efectuarse el pago esté cerrado, será satisfecha al siguiente día hábil.

Concordancia

Art. 797

ARTÍCULO 424.- Si el plazo fijado fuere prorrogado, el nuevo plazo, salvo pacto en contrario, correrá desde el día siguiente inclusive a aquél en que debía expirar.

ARTÍCULO 425.- En los contratos bilaterales sólo podrá exigir cumplimiento aquél que hubiere satisfecho lo que le concierne, salvo en los casos en que gozare de plazo legal o convencional, o que la naturaleza del contrato así lo exija.

Concordancias

Arts. 463 y 477.
Art. 692 C.C.

ARTÍCULO 426.- Cuando se hubiere sujetado a pena la no ejecución o ejecución imperfecta de un contrato, salvo dolo del deudor o pacto en contrario, el acreedor sólo podrá exigir el cumplimiento de lo estipulado o la pena pactada; pero si la pena se hubiere estipulado solamente en previsión del incumplimiento en tiempo o lugar determinado, el acreedor podrá exigir a la vez la pena y la ejecución del contrato.

Concordancias

Arts. 708 y 711 C.C.

ARTÍCULO 427.- La cláusula penal deberá cumplirse aunque el acreedor no haya sufrido daño. Si los daños excedieran al importe de la pena, podrá el acreedor reclamar una mayor indemnización, solamente si probare dolo del deudor.

Concordancias

Arts. 705 y 714 C.C.

ARTÍCULO 428.- La cláusula penal no podrá exigirse cuando el incumplimiento del contrato se deba a fuerza mayor, caso fortuito, falta del acreedor, o cuando se hubiere aceptado sin reservas el cumplimiento verificado.

Concordancia

Art. 714 C.C.

ARTÍCULO 429.- Cuando la obligación de hacer no requiera la acción personal del deudor, y éste se negare a realizarla, el juez competente podrá ejecutarla o autorizar al acreedor para hacerla ejecutar por cuenta del deudor. Si la obligación de hacer es personal y el deudor se negare a cumplirla sin justa causa, el acreedor tendrá derecho a demandar indemnización por daños y perjuicios.

Concordancias

Arts. 425.

Arts. 695, 700 y 1066 C.C.

ARTÍCULO 430.- La obligación de dar lleva consigo la de conservar la cosa hasta la entrega, y el deudor, asume en tal caso, las responsabilidades de un depositario.

Concordancias

Arts. 523-527.
Arts. 697 y 698 C.C.

ARTÍCULO 431.- Las obligaciones mercantiles y sus excepciones se prueban con:

a) DEROGADO según C.P.C.

b) Las actas y las certificaciones del libro de registro de los corredores jurados, si éstos hubieren intervenido en la operación.

c) Las facturas firmadas por el deudor.

d) La correspondencia.

e) La contabilidad mercantil.

f) La declaración de testigos, pero esta prueba no será admitida como única, cuando la obligación principal exceda del valor indicado en el párrafo primero del artículo 351 del Código Procesal Civil, salvo que haya otra clase de prueba complementaria.

g) Con cualquier otro medio de prueba admitido por las leyes civiles o los usos y costumbres.

Concordancias

Arts. 4, 302-306, 460, 251 y siguientes.
Arts. 41 y siguientes C.P.C.

ARTÍCULO 432.- En las obligaciones mercantiles los codeudores serán solidarios, salvo pacto expreso en contrario. Todo fiador de obligación mercantil, aunque no sea comerciante, será solidario con el deudor principal y con los otros fiadores, salvo lo que se estipule en el contrato.

Concordancias

Arts. 509, 978-980.
Arts. 638, 1312 y 1316 C.C.

ARTÍCULO 433.- El deudor que paga tiene derecho a exigir un recibo y no está obligado a conformarse con la simple devolución del título de la deuda, si en él no se escribe su cancelación firmada por el acreedor o su legítimo representante.

Concordancias

Arts. 448, 561, 563 y 763.

ARTÍCULO 434.- Cuando el comerciante arregla sus cuentas en períodos fijos o la obligación está dividida en tractos sucesivos, el finiquito de una cuenta hará presumir el de las partidas anteriores referentes al mismo negocio.

Concordancias

Arts. 420 y 580.

ARTÍCULO 435.- El que paga una cuenta o da un recibo no pierde el derecho de solicitar la rectificación de errores, omisiones, partidas u otros vicios contenidos en la cuenta o recibo, siempre que se pruebe debidamente el error sufrido.

Concordancia

Art. 1016 C.C.

ARTÍCULO 436.- Cuando en la redacción de un contrato se omiten cláusulas de absoluta necesidad para llevar a efecto lo pactado, se presume que las partes quisieron sujetarse a lo que en el mismo caso se acostumbra en el lugar donde el contrato deba ejecutarse, y si los interesados no explicaren su acuerdo en la omisión, se procederá según la costumbre.

Concordancias

Arts. 3 y 4.

ARTÍCULO 437.- En materia comercial, en caso de acusación por falsedad del documento que sirva de base para la ejecución, se seguirá el trámite establecido en los artículos 206 y 207 del Código de Procedimientos Civiles.

(NOTA: actualmente se rige por el Código Procesal Civil en artículo 34.2 y concordantes)

CAPÍTULO II
DE LA COMPRAVENTA

ARTÍCULO 438.- Será compraventa mercantil:

a) La que realice una empresa mercantil, individual o colectiva en la explotación normal de su negocio ya sea de objetos comprados para revenderlos en el mismo estado o después de elaborados;

b) La de inmuebles adquiridos para revenderlos con ánimo de lucro, transformados o no. También será mercantil la compraventa de un inmueble cuando se adquiera con el propósito de arrendarlo, o para instalar en él un establecimiento mercantil;

c) La de naves aéreas y marítimas, la de efectos de comercio, títulos, valores de cualquier naturaleza y la de acciones de sociedades mercantiles.

Concordancias

Arts. 439 y 984 e).

ARTÍCULO 439.- Se presumirá mercantil la compraventa que realice un comerciante, salvo que se pruebe que no corresponden a alguna de las indicadas en el artículo anterior.

Concordancias

Arts. 1 y 6.

ARTÍCULO 440.- La compraventa de cosa ajena es válida siempre que el comprador ignore la circunstancia. En este caso el vendedor está obligado a entregarla o, en su defecto, a abonar daños y perjuicios. La compraventa será nula cuando el comprador, al celebrarse el contrato, sabe que la cosa es ajena.

La promesa de venta de cosa ajena será válida. Quien tal cosa ofreciere estará obligado a adquirirla y entregarla al comprador, bajo pena de abonar daños y perjuicios.

Concordancias

Arts. 449 y 470.
Arts. 1061 y 1065 C.C.

ARTÍCULO 441.- En la compra-venta de cosa futura determinada, el contrato quedará subordinado a la existencia del objeto. Si la cosa no llegare a existir, el contrato quedará resuelto sin responsabilidad para ninguno de los contratantes. Si ya se hubiere pagado el precio o parte de él, estará obligado el vendedor a devolver la suma recibida; a menos que de su parte hubiere culpa, dolo o negligencia, en cuyo caso responderá también por los daños y perjuicios causados.

Concordancias

Arts. 1059 y 1102 C.C.

ARTÍCULO 442.- Cuando las partes traten de viva voz, ya sea reunidas o por teléfono, el contrato de compraventa que de ahí resulte quedará perfecto desde que se convenga en cosa y precio, y demás circunstancias de la negociación.

Concordancias

Arts. 480, 1009, 1011 y 1049 C.C.

ARTÍCULO 443.- En la compraventa que se negoció por correspondencia privarán las siguientes reglas:

a) Si el proponente fija un término de espera, estará obligado a mantener su oferta hasta ese día; y

b) Si no fija fecha de espera, estará obligado a mantener su oferta cinco días, si se trata de la misma plaza; si se trata de otra plaza dentro del territorio nacional, diez días; y si es en el exterior, un mes. Estos términos se contarán desde el día en que el proponente deposite la oferta en las oficinas de correos.

Concordancias

Arts. 1010-1013 C.C.

ARTÍCULO 444.- El contrato quedará perfecto desde el momento en que, dentro de los términos indicados en el artículo anterior, el proponente reciba comunicación de la otra parte aceptando pura y simplemente. Si la contestación contuviere algunas modificaciones o condiciones, el contrato no se perfeccionará hasta tanto el proponente original no acepte los cambios y así lo haga saber. Esa contestación, por su parte, producirá el perfeccionamiento del contrato, cuando llegue a poder del posible comprador.

Concordancias

Arts. 1010 y 1013 C.C.

ARTÍCULO 445.- La policitación pública que en forma de circulares, avisos o por otro medio hagan los comerciantes, no los obligan con determinada persona, y solamente con quien primero la acepte.

Concordancia

Art. 1013 C.C.

ARTÍCULO 446.- Cuando en la compraventa se haga referencia al precio de plaza, bolsa, mercado nacional o extranjero, quedará éste determinado conforme al que prive en esos lugares o establecimientos el día del contrato. Si el contrato tiene por objeto cosas vendidas habitualmente por el vendedor y las partes no hubieren convenido el precio o el modo de determinarlo, se presumirá que han quedado conformes con el exigido normalmente por el vendedor, a no ser que se trate de cosas que tengan un precio de mercado o bolsa, caso en el cual se determinará por el que tuvieren en dichos establecimientos del lugar el día en que se celebró el contrato.

Concordancias

Arts. 404, 406, 407 y 408.
Arts. 1056 y 1057 C.C.

ARTÍCULO 447.- Las arras, anticipos y cantidades entregadas en señal del contrato, se entenderán recibidas a cuenta del precio, salvo pacto expreso en contrario.

Concordancia

Art. 1058 C.C.

ARTÍCULO 448.- Si el comprador lo exige, el vendedor deberá entregarle facturas debidamente canceladas o documentos que le aseguren el pacífico goce de la cosa comprada.

Concordancias

Arts. 433, 561, 563 y 763.

ARTÍCULO 449.- El que de buena fe comprare en un establecimiento abierto al público cosas que sean de su giro normal, no podrá ser privado de ellas, y aunque no pertenecieren al vendedor y dolosamente las hubiere vendido.

Concordancias

Arts. 440, 669 bis y 674.
Arts. 11, 20-22, 481 y 1065 C.C.

ARTÍCULO 450.- El comprador que al tiempo de recibir la cosa la examina y prueba a satisfacción, no tendrá derecho para repetir contra el vendedor alegando vicio o defecto de cantidad o calidad.

El comprador tendrá derecho a repetir contra el vendedor por esos motivos, si hubiere recibido la cosa enfardada o embalada, siempre que dentro de los cinco días siguientes al de su recibo manifieste por escrito al vendedor o a su representante vicio o defecto que proceda de caso fortuito o fuerza mayor o deterioro por la naturaleza misma de las cosas. El vendedor podrá exigir que en el acto de la entrega se haga un reconocimiento en cuanto a calidad y cantidad. Hecho ese reconocimiento en presencia del comprador o de su encargado de recibir mercadería, si éstos se dan por satisfechos, no cabrá ulterior reclamo.

Si los vicios fueren ocultos, el comprador deberá denunciarlos por escrito al vendedor o a su representante, dentro de los diez días a partir de la entrega, salvo pacto en contrario.

La acción judicial prescribirá en tres meses contados desde la entrega.

Concordancias

Arts. 373, 467, 474, 475 y 984 a).
Art. 1082 C.C.

ARTÍCULO 451.- Salvo pacto en contrario o costumbre establecida, la cosa vendida se entregará en el establecimiento del vendedor, o en su domicilio en defecto de aquel.

Concordancias

Arts. 3 y 4.

ARTÍCULO 452.- Cuando el vendedor garantiza por tiempo determinado el funcionamiento de la cosa vendida, si se notare con defecto, el comprador, salvo pacto en contrario, deberá informarlo al vendedor dentro de los treinta días de haberlo descubierto y en tanto no exceda del plazo de garantía, bajo pena de caducidad.

La autoridad judicial competente, a solicitud de la parte interesada y siguiendo los trámites establecidos para los actos de jurisdicción voluntaria, podrá fijar un plazo para la reparación de la cosa, o, si fuere del caso ordenar la sustitución sin perjuicio del resarcimiento de daños y perjuicios. Si la garantía de buen funcionamiento no tuviere plazo, se entenderá dada por un año.

Concordancias

Arts. 467 y 984 a).
Arts. 177 y 178 C.P.C.

ARTÍCULO 453.- La compraventa de cosa que se acostumbre gustar no quedará perfeccionada en tanto el comprador no manifieste su conformidad. Si el examen debe hacerse en el establecimiento del vendedor, éste quedará liberado si el comprador no la examinare dentro del plazo establecido por el contrato o el uso de la plaza; en defecto de ambos, dentro del término fijado por el vendedor.

Si al celebrarse el contrato la cosa ya estuviere en poder del comprador y éste no manifestare disconformidad dentro de las veinticuatro horas, su silencio se interpretará como aceptación de calidad y cantidad.

Concordancias

Arts. 3, 4 y 459 b).

ARTÍCULO 454.- Cuando la compraventa se pacte condicionada a prueba, se entenderá sujeta a la condición suspensiva de que la cosa tenga las calidades convenidas y necesarias para el uso a que se le destina. La prueba deberá realizarse en la forma y plazo convenidos en el contrato; a falta de estipulación, se atenderá a la costumbre.

Concordancias

Arts. 3, 4 y 459 b).

ARTÍCULO 455.- En la compraventa sobre muestras o sobre calidades conocidas en el comercio, la cosa se determinará por la referencia a la muestra o calidades. Es necesario que la cosa vendida sea individualizada para efectos de tener por trasmitido su dominio. La individualización se hará de común acuerdo entre las partes, salvo que por convenio o por costumbre establecida, la haga el vendedor.

Concordancias

Arts. 3 y 4.

ARTÍCULO 456.- Cuando el precio deba pagarse en abonos, podrá pactarse que la falta de uno o varios pagos producirá la resolución del contrato, conforme a las reglas siguientes:

a) Si se trata de bienes muebles tales como automóviles, motores, pianos, máquinas de coser u otros objetos semejantes que puedan ser identificados, el contrato debe hacerse en forma auténtica. La resolución del contrato surtirá efectos contra tercero cuando la cláusula resolutoria hubiere sido inscrita en el Registro de Muebles; y

b) Si se trata de bienes muebles cuya identificación no sea posible establecer en forma indubitable, la resolución del contrato no producirá efecto contra tercero de buena fe que los haya adquirido o aceptado como garantía de una obligación.

Concordancias

Arts. 236 y siguientes, 418-420, 467 y 580.
Arts. 1087- 1089 C.C.

ARTÍCULO 457.- Si el contrato se resolviere, deberá el vendedor restituir las sumas recibidas en concepto de precio, pero tendrá derecho de deducir indemnización por el uso que se haya hecho del mueble durante la vigencia del contrato y el deterioro que éste haya sufrido. Tratándose de automotores, serán de la exclusiva responsabilidad del comprador las consecuencias provenientes de todo delito, cuasidelito o falta que con el uso del vehículo se cause a terceros.

Concordancias

Art. 463.
Art. 692 C.C.

ARTÍCULO 458.- No podrá exceder de un plazo de tres años el pacto que contenga reserva de dominio, y durante la vigencia del mismo, el comprador debe informar al vendedor cualquier cambio de domicilio, así como de todo aquello que en alguna forma pueda modificar el valor de la cosa vendida. La falta de aviso de esas circunstancias dará por vencida y hará exigible la obligación. El vendedor hará efectivo este derecho por los trámites correspondientes a los actos de jurisdicción voluntaria.

Concordancias

Art. 420
Arts. 1092 y 1102 C.C.
Arts. 177 y 178 C.P.C.

ARTÍCULO 459.- El vendedor es responsable de los daños que ocurran a las cosas vendidas y no entregadas al comprador, aunque provengan de casos fortuitos:

a) Cuando la cosa vendida no sea un objeto determinado, identificable con marcas, números o señales distintivas que eviten su confusión con otras del mismo género;

b) Cuando por la convención, por el uso o por la ley, el comprador tiene la facultad de examinar y probar la cosa y esta pereciere o se deteriorare antes de darse por satisfecho de ella;

c) Cuando los efectos vendidos hubieren de entregarse por número, peso o medida;

d) Cuando la venta se hubiere hecho a condición de hacer la entrega en un plazo determinado, o hasta que la cosa estuviere en estado de entregarse de acuerdo con las estipulaciones de la venta;

e) Cuando el vendedor incurriere en mora de entregar la cosa vendida, estando el comprador dispuesto a recibirla.

f) Cuando en las obligaciones alternativas pereciere fortuitamente una de las cosas vendidas, la obligación se limita a la cosa restante; más si hubiere perecido por culpa del vendedor, el comprador podrá solicitar la entrega de la existente o el precio de la pérdida. Si perecieren las dos, la obligación se cancelará con el precio de la última que pereció, y si hubieren perecido simultáneamente, con el de aquélla que el vendedor elija, salvo que el derecho de elección corresponda contractualmente al comprador.

Concordancias

Arts. 453, 454 y 471.
Arts. 654, 833, 1051 y 1071 C.C.

ARTÍCULO 460.- La factura será título ejecutivo contra el comprador por la suma en descubierto, siempre y cuando cumpla con la firma de este o su mandatario debidamente autorizado. La suma consignada en una factura comercial se presume cierta y las firmas que la cubren, auténticas.

En caso de constar en documento físico deberá agregarse, además, el timbre fiscal en el acto de presentarla al cobro judicial. El valor del timbre será el que correspondería a un pagaré y se cargará al deudor como gastos de cobro.

También será título ejecutivo la factura electrónica, es decir, que conste en documento digital, siempre y cuando cuente con la firma digital del comprador o su mandatario debidamente autorizado, en cuyo caso, el timbre fiscal correspondiente deberá agregarse a la copia impresa de la factura digital que se aportará a la demanda junto con el respaldo digital de la original.

Concordancias

Arts. 373 y 460 bis.

ARTÍCULO 460 bis.- La factura comercial y la factura de servicios tendrán carácter de título ejecutivo; asimismo, podrán ser transmitidas válidamente mediante endoso. A dicho endoso le serán aplicables las reglas del endoso de los títulos valores a la orden y especialmente el artículo 705.

Las reglas anteriores serán extensibles a las facturas comerciales y de servicios que están amparadas en documentos electrónicos, en lo aplicable a los sistemas informáticos que permiten la emisión, recepción, transmisión y aceptación de dichas facturas, de conformidad con la legislación o la normativa correspondiente.

Respecto de la factura emitida por medios electrónicos, que conste en documento digital, será válida la aceptación que opere según lo establece el artículo 460 ter del Código de Comercio, así como la que se manifieste mediante comprobantes electrónicos, mensajes de confirmación o cualquier otra señal equivalente que emita o envíe el deudor, suscritos mediante firma digital o firma digital certificada. Los comprobantes electrónicos, mensajes de confirmación o cualquier otra señal equivalente que emita o envíe el deudor como manifestación de aceptación tendrán eficacia jurídica y fuerza probatoria.

(Así reformado por la Ley N° 10039 del 19 de octubre de 2021)

Concordancias

Arts. 448, 460, 460 ter, 373 y 705.

ARTÍCULO 460 ter.- Toda factura comercial o de servicio, emitida por medios electrónicos, que conste en un documento digital, y debidamente aceptada conforme al procedimiento establecido por la Dirección General de Tributación o mediante la aceptación automática de este artículo, tendrá carácter de título ejecutivo y podrá ser anotada en cuenta por su titular ante una central de valores autorizada, en cuyo caso se tendrá como valor individual para todos los efectos legales.

La Dirección General de Tributación reglamentará los requisitos de forma de las facturas electrónicas, así como los mecanismos de aceptación y de consulta pública para que la aceptación de estas pueda ser verificada por terceros.

La central de valores procederá a la recepción, confirmación, custodia y anotación en cuenta de la factura electrónica como valor.

La anotación en cuenta de la factura electrónica en la central de valores le otorgará al emisor o al tenedor legítimo de la factura electrónica el derecho de circulación y de negociación de este valor en los mercados secundarios de valores que se organicen al efecto.

Para efectos de anotación en cuenta de las facturas, el emisor o el tenedor legítimo podrá solicitar la anotación en cuenta de la correspondiente factura ante una central de valores, remitiendo la documentación electrónica representativa de la factura y la identificación y contacto del respectivo pagador. La central de valores procederá, como condición previa a la anotación en cuenta, a la confirmación de la aceptación de la factura con el pagador. Se tendrá por válida la confirmación de la aceptación de la factura, si se realiza por el pagador a la central de valores mediante comprobantes electrónicos, mensajes de confirmación o cualquier otra señal equivalente que emita o envíe el deudor suscritos mediante firma digital o firma digital certificada.

El pagador tendrá un plazo de diez días hábiles, contado a partir de la recepción de la solicitud de confirmación de la factura, para aceptarla, o bien, para rechazarla por cualquiera de las siguientes situaciones: por impugnar cualquier información consignada en esta, por no haberse dado la recepción definitiva de los bienes o servicios que se consignan en esta, por existir cualquier reclamo con respecto de los bienes o servicios adquiridos, por conocer que existe cesión o gravamen a favor de tercero de los derechos económicos que contiene la factura o de la factura en sí incluida en el Sistema de Garantías Mobiliarias, o por rechazar la pretensión de cobro de la suma consignada en ella por considerarla infundada, excesiva o temeraria.

La falta de respuesta del pagador, dentro del plazo a que se refiere este párrafo, se entenderá como confirmación de la aceptación de la factura. En caso de existir algún reclamo posterior a la anotación en cuenta por causa de vicios ocultos o defecto del bien o servicio, el pagador puede oponer las excepciones personales que correspondan únicamente contra el emisor de la factura, sin tener derecho a retener, respecto a terceros, el monto pendiente de pago, ni a demorar el pago según la fecha o las fechas señaladas en la factura. Si conociera la existencia de cesión o gravamen sobre los derechos económicos que contiene la factura incluida en el Sistema de Garantías Mobiliarias y el pagador no lo indicó, deberá hacer frente a dichas obligaciones sin poder objetar el pago de la factura endosada para su anotación en cuenta o negociación. La aceptación de una factura por parte del pagador ante una central de valores no impide el cobro de multas o sanciones ante incumplimientos contractuales por parte del proveedor, ya sea por entregas defectuosas o tardías de los bienes o servicios.

Cuando se trate de la Administración Pública, central o descentralizada, empresas públicas, entes públicos no estatales, fideicomisos o entidades privadas que administren o dispongan, por cualquier título, de fondos públicos, actuando como pagador de una factura comercial o de servicio, debidamente anotada en cuenta por su titular ante una central de valores autorizada, para que proceda el pago a un tercero, quien se hizo titular de esta en el mercado de valores, este, y no el emisor de la factura, debe estar al día con las contribuciones a la seguridad social, conforme al artículo 74 de la Ley 17, Ley Constitutiva de la Caja Costarricense de Seguro Social, de 22 de octubre de 1943.

Una vez realizada la anotación en cuenta de la factura, el cambio de titularidad en los registros de la central de valores, producto de la negociación del instrumento, se tendrá como equivalente del endoso. A partir de la anotación en cuenta no podrán aplicarse notas de crédito o modificaciones a la factura sin el consentimiento del nuevo titular. El cambio de titularidad registrado por una central de valores equivaldrá al traspaso posesorio de la factura.

Las centrales de valores podrán emitir constancias de titularidad, de monto y de situación aceptación de las facturas. Asimismo, podrán desarrollar las facilidades correspondientes para registrar los cambios de titularidad de las facturas electrónicas correspondientes a las negociaciones que se realicen sobre estos instrumentos en el mercado secundario de valores que se organice al efecto.

Los sistemas de anotación en cuenta de facturas se regirán por lo establecido en la Ley 7732, Ley Reguladora del Mercado de Valores, de 17 de diciembre de 1997, para efectos del registro y anotación en cuenta de valores de oferta pública; asimismo, por vía reglamentaria las centrales de valores establecerán los procedimientos para la ejecución del proceso de anotación en cuenta. Bastará la autorización para operar como central de valores otorgado por la Superintendencia General de Valores (Sugeval), conforme a la ley, para que una entidad de este tipo pueda desarrollar el servicio de anotación en cuenta.

(Así introducido por la Ley N° 10039 del 19 de octubre de 2021)

Concordancias

Arts. 448, 460, 460 bis, 373 y 705.

ARTÍCULO 461.- Una vez perfeccionado el contrato de compraventa, las pérdidas, daños y menoscabos que sobrevinieren a la mercadería vendida, serán por cuenta del comprador si ya le hubiere sido entregada real, jurídica o virtualmente.

Concordancias

Arts. 464, 466, 472 y 476.
Arts. 833 y 1071 C.C.

ARTÍCULO 462.- Si se ha pactado la entrega de las mercancías en cantidad y plazo determinados, el comprador no estará obligado a recibirlas en condiciones diferentes; pero si aceptare entregas distintas, la venta quedará consumada en cuanto a tales entregas, sin perjuicio de la indemnización a que pueda tener derecho por la falta de cumplimiento del vendedor.

ARTÍCULO 463.- Una vez perfeccionado el contrato de compraventa, el contratante que cumpliere tendrá derecho a exigir del que no lo hiciere, la rescisión del contrato o el cumplimiento del mismo, y además, la indemnización de los daños y perjuicios.

Concordancias

Arts. 425, 429, 456, 457 y 477.
Arts. 692, 702, 1071, 1072 y 1089 C.C.

ARTÍCULO 464.- Desde el momento en que el comprador acepte que las mercaderías vendidas queden a su disposición, se tendrá por virtualmente recibido de ellas, y el vendedor quedará con los derechos y obligaciones de un depositario.

Concordancias

Arts. 521 y siguientes.
Arts. 480 y 482 C.C.

ARTÍCULO 465.- Si no se hubiere fijado fecha para la entrega de la mercadería, el vendedor deberá tenerla a disposición del comprador, dentro de las veinticuatro horas siguientes al contrato.

ARTÍCULO 466.- La entrega de la cosa vendida se entiende verificada:

a) Con el recibo de entrega no objetado por el comprador;

b) Por el traspaso del conocimiento de embarque o guía durante el transporte de la mercadería;

c) Por la fijación que hiciere el comprador de su marca en las mercaderías con el conocimiento y la aquiescencia del vendedor;

d) Por la entrega de las llaves del almacén, tienda o caja en que se hallare la cosa vendida;

e) Por el asiento en el libro o certificación expedida por las oficinas públicas a favor del comprador, por acuerdo de las partes; y

f) Por cualquier otro medio reconocido por la costumbre en el comercio.

Concordancias

Arts. 3, 4, 329, 331, 332, 461, 474 y 482.

ARTÍCULO 467.- El vendedor quedará obligado en toda venta al saneamiento, salvo pacto en contrario.

Concordancias

Arts. 448, 450 y 452.
Arts. 1034 y siguientes, y 1082 C.C.

ARTÍCULO 468.- Mientras la mercadería se halle en poder del vendedor, aunque sea en calidad de depósito, éste tendrá preferencia sobre cualquier otro acreedor, para pagarse con ella lo que se le adeuda por cuenta de su precio.

Concordancias

Arts. 886 y 901 d).

ARTÍCULO 469.- Si el comprador devuelve la cosa comprada y el vendedor la acepta, o si habiéndole sido devuelta contra su voluntad, no la hace depositar judicialmente dentro de los cinco días siguientes, con notificación del depósito al comprador, se presume que el vendedor ha consentido en la rescisión del contrato.

Concordancias

Art. 477.

ARTÍCULO 470.- El vendedor que después de perfeccionada la venta, enajenase, consumiese o deteriorase la cosa vendida, sin dolo de su parte, estará obligado a dar al comprador otra equivalente en especie, con estimación del uso que el comprador pretendía darle, y del lucro que le habría de proporcionar.

ARTÍCULO 471.- Si la falta de entrega de la mercadería procediere de pérdida causada por caso fortuito, el contrato quedará resuelto y el vendedor exclusivamente obligado a devolver el precio. Si se hubiere salvado parte de la mercancía, tendrá facultad el comprador para hacer bueno el contrato en ese tanto.

Concordancias

Arts. 327.
Art. 1071 C.C.

ARTÍCULO 472.- El envío de las mercaderías al domicilio del comprador o a cualquier otro lugar convenido que hiciere el vendedor por medio de empleados o encargados del comprador, importa la tradición efectiva de ellas; pero si el envío se hace por medio de empleados del vendedor, la entrega no se considerará hecha en tanto el comprador o quien legalmente lo represente, no las haya dado por recibidas.

Concordancias

Arts. 333, 373 y 461.

ARTÍCULO 473.- Las compras hechas bajo la cláusula "costo, seguro y flete", conocida en el comercio con la sigla "CIF", comprende el valor de la cosa, el seguro convenido y el precio del flete hasta el lugar que se indique en el contrato. El vendedor queda obligado a contratar el transporte y tomar el tipo de seguro en beneficio del comprador, conforme al contrato. La mercadería viajará desde el lugar de embarque al de destino por cuenta y riesgo del comprador. Serán aplicables también las disposiciones anteriores, en lo conducente, cuando la compra se haga incluyendo solamente costo y flete, conocida en el comercio con la sigla "C y F".

Los conocimientos de embarque, las guías aéreas y las cartas de porte tendrán el carácter de título ejecutivo para efectos del cobro del precio del flete, siempre que dicho precio conste en el documento y este se encuentre firmado por el consignatario, por su mandatario o por su encargado debidamente autorizado por escrito.

(Párrafo así adicionado por el artículo 166, inciso c), de la Ley Orgánica del Banco Central de Costa Rica N° 7558 de 3 de noviembre de 1995)

Concordancias

Arts. 460 y 329.
Art. 45 C.P.C.

ARTÍCULO 474.- La entrega de la mercadería al porteador, cualquiera que sea la forma de transporte empleada, equivale a la entrega al comprador. Sin embargo, los reclamos que puedan plantearse por falta en la cantidad o defecto en la calidad, o por no hallarse conforme las muestras o catálogos que sirvieron de base al contrato, o por cualquier otra razón imputable al vendedor, serán hechos dentro del plazo ya previsto en el artículo 450, contándose en ese caso los términos desde el día en que el comprador recibió las mercaderías.

Concordancias

Arts. 323 y siguientes, 450 y 475.

ARTÍCULO 475.- En los contratos de compraventa en que se consigne la frase "Libre a bordo", conocida con las siglas "FOB", el vendedor fijará un precio que comprenderá todos los gastos hasta poner las cosas vendidas a bordo del barco o vehículo que haya de transportarlas a su destino, momento desde el cual corren por cuenta y riesgo del comprador. En cuanto a los posibles reclamos por calidad o cantidad u otros menoscabos imputables al vendedor, rige lo estipulado en el artículo 450 de este Código.

Concordancia

Art. 450.

ARTÍCULO 476.- Si las cosas se encuentran en curso de ruta, y entre los documentos entregados figura la póliza de seguro por los riesgos de transporte, éstos quedarán a cargo del comprador desde el momento de la entrega de las mercancías al porteador, a menos que el vendedor haya sabido, al tiempo de celebrar el contrato, la existencia de la pérdida o avería de las cosas y lo hubiere ocultado al comprador.

Concordancias

Arts. 323 y siguientes, y 474.

ARTÍCULO 477.- Si el comprador rehusare, sin justa causa, recibir los efectos comprados, el vendedor podrá solicitar la resolución del contrato, con indemnización de perjuicios, o el pago del precio con los intereses legales, consignando las mercaderías a disposición del juez competente del lugar indicado para la entrega, consignación que hará por los trámites establecidos para los actos de jurisdicción voluntaria, para que éste ordene su depósito o venta por cuenta del comprador, según la naturaleza de la cosa. El vendedor podrá igualmente solicitar el depósito judicial, cuando el comprador retardare la recepción de los efectos; y en este caso, serán de cargo de éste los gastos de traslación al depósito y conservación de los mismos.

Concordancia

Art. 469.
Arts. 177 y 178 C.P.C.

CAPÍTULO III
DE LA COMPRAVENTA DE ESTABLECIMIENTOS MERCANTILES E INDUSTRIALES

ARTÍCULO 478.- Son elementos integrantes de un establecimiento comercial, para los efectos de su trasmisión por cualquier título: las instalaciones eléctricas, telefónicas y de cualquier otra naturaleza, el mobiliario, la existencia en mercaderías, las patentes de invención y marcas de fábrica, la contabilidad que comprende los archivos completos del negocio, los dibujos y modelos industriales, las distinciones honoríficas y los demás derechos derivados de la propiedad comercial, industrial o artística. La venta de un establecimiento comercial o industrial comprende todos sus elementos, y cuanto forme el activo y pasivo, salvo pacto expreso en contrario.

Concordancias

Arts. 269 y 270.

ARTÍCULO 479.- La trasmisión por cualquier título oneroso de un establecimiento comercial o industrial, ya sea directa o por remate, o el traspaso de la empresa individual de responsabilidad limitada a que el mismo pertenezca, deberá necesariamente anunciarse en el periódico oficial por aviso que se publicará tres veces consecutivas, en el que se citará a los acreedores e interesados para que se presenten dentro del término de quince días a partir de la primera publicación, a hacer valer sus derechos.

Concordancias

Arts. 9 y siguientes, y 483.

ARTÍCULO 480.- El precio del establecimiento o de la empresa individual de responsabilidad limitada no se entregará bajo ningún concepto al transmitente, en tanto no transcurran los quince días indicados en el artículo anterior y no se haga la liquidación y pago de las cuentas presentadas dentro de ese término.

Concordancias

Arts. 9 y siguientes.

ARTÍCULO 481.- El precio, si éste fuera al contado, se depositará en el adquirente o en un tercero de reconocida honorabilidad, que tenga oficina instalada en el lugar en donde se encuentra el establecimiento traspasado; podrá designarse también como depositario a un Banco o al notario autorizante de la escritura. El depositario tendrá todas las responsabilidades que la ley señala para el ejercicio de funciones de esa naturaleza, y deberá comparecer a aceptar y recibir los valores. Si se designa al notario, éste hará constar su propia aceptación, sin que ello implique violación de las disposiciones de la Ley de Notariado (*).

En caso de remate, una vez depositado el precio, el Juez convocará a los acreedores para la junta a que se refiere el artículo 483. Los gastos que ocasione la publicación de los edictos, se cubrirán con parte del precio depositado.

*(*Nota: Debe entenderse Código Notarial, Directrices y Lineamientos de la Dirección Nacional de Notariado que rigen la materia notarial).*

Concordancias

Arts. 483; 521 y siguientes.

ARTÍCULO 482.- Los créditos que provengan del tráfico mercantil del establecimiento enajenado, deben presentarse dentro del término indicado de quince días, con la comprobación de su existencia y de que proviene del giro del establecimiento en cuestión. No se tomarán en cuenta las obligaciones personales del vendedor, si no comprueba que fueron contraídas en beneficio del establecimiento y con motivo de su giro.

ARTÍCULO 483.- Vencidos los quince días a que se refiere el artículo 479, el depositario convocará a los acreedores para que tomen los acuerdos que crean oportunos en cuanto al pago de las acreencias. Los créditos no presentados dentro del indicado término, serán cobrables al vendedor sin que responda el establecimiento vendido. Los acreedores que se presenten en tiempo, y cuyos créditos no hayan sido reconocidos, podrán demandar por la vía correspondiente su reconocimiento de acuerdo con la naturaleza del título en que basan su crédito, y una parte igual al monto del mismo será depositada a la orden del juez del caso, para ser entregada oportunamente conforme se decida en sentencia. El depositario al hacer entrega de esa suma, queda en cuanto a ella relevado de su responsabilidad.

Si el monto de los créditos fuere superior al precio depositado, o no pudieren cubrirse todos por haber títulos que formen parte del mismo, que no fueren líquidos y exigibles, se depositará la totalidad en la autoridad judicial competente, para que se continúe por los procedimientos correspondientes la liquidación del caso.

Concordancias

Arts. 479 y 481.

ARTÍCULO 484.- Las disposiciones de este capítulo serán aplicables cuando se enajena el establecimiento en su mayor parte como un solo todo, y cuando la trasmisión se refiera a dos o más lotes, realizados en forma que salgan de las condiciones normales del giro del establecimiento.

Concordancia

Art. 478.

ARTÍCULO 485.- Los acreedores del establecimiento comercial o industrial vendido podrán, dentro del referido término de quince días, oponerse a la venta si comprueban con un avalúo sumario que el precio es inferior en un diez por ciento al que racionalmente y dadas las condiciones del mercado y las especiales de la mercadería, podría haberse logrado. Para que la oposición prospere es indispensable no solamente esa comprobación, sino hacer el ofrecimiento formal de tomarlo por la suma que ellos indican, o presentar un comprador que pague al contado dicha cantidad.

ARTÍCULO 486.- El vendedor del establecimiento o el adquirente podrán impedir la acción de los acreedores a que se refiere el artículo anterior, si cubren la diferencia de precio por éstos alegada. La venta quedará firme al pagarse esa diferencia al contado.

ARTÍCULO 487.- Si el pago no se hiciere en dinero efectivo, necesariamente deberá estar representado por título-valores comercialmente descontables. El descuento de los mismos deberá hacerse previamente a la publicación del aviso, ya que en cuanto a los acreedores, el depósito debe ser en dinero, salvo que por unanimidad éstos dispongan otra cosa. El descuento en ningún caso afectará a los acreedores.

Concordancias

Arts. 479, 828, 835 y 836.

ARTÍCULO 488.- La venta de un establecimiento mercantil o industrial en la que no se hayan llenado las formalidades de este capítulo, será absolutamente nula en cuanto a terceros y el comprador no hará buen pago.

ARTÍCULO 489.- Con el objeto de garantizar ampliamente a los acreedores, el precio deberá pagarse en su totalidad, salvo que éstos, por unanimidad, acepten forma distinta de pago, o convengan con el comprador, todos o algunos, en aceptarlo como deudor, liberando definitivamente al vendedor. No podrán tomarse como parte del precio obligaciones anteriores del vendedor en favor del adquirente o anticipos si quedaren otros acreedores sin pagar en descubierto, salvo en el caso de que la adquisición se haya hecho por remate en juicio promovido por un acreedor que en esas circunstancias se hubiere adjudicado el negocio.

Concordancias

Arts. 242 y 483.

CAPÍTULO IV
DE LA CESIÓN DE CRÉDITOS

ARTÍCULO 490.- La cesión de un crédito no endosable se sujetará a las reglas establecidas por los artículos 1101 a 1116 del Código Civil, en cuanto no disponga otra cosa el presente capítulo.

Concordancias

Arts. 78, 556, 703, 704, 738, 745, 460 bis.
Arts. 1101-1116 C.C.

ARTÍCULO 491.- La cesión de un crédito debe notificarse al deudor, y en tanto no se le notifique el traspaso es ineficaz en cuanto a él. Esa notificación puede hacerse por diligencia notarial, carta certificada u otra forma auténtica o de fácil comprobación.

Esta notificación no será necesaria en los casos en que, previamente establecido como válido en el contrato inicial, se trate de operaciones en las que se cedan derechos como componentes de una cartera de créditos para:

a) Garantizar la emisión de títulos valores mediante oferta pública.

b) Constituir el activo de una sociedad, con el objeto de que esta emita títulos valores que puedan ofrecerse públicamente y cuyos servicios de amortización e intereses estén garantizados con dicho activo.

La cesión será válida desde su fecha, según conste en el documento público de fecha cierta. Estas operaciones estarán exentas de todo timbre e impuesto y los honorarios notariales se establecerán de común acuerdo entre las partes.

(Así adicionados estos dos párrafos finales por el artículo 187, inciso d), de la Ley Reguladora del Mercado de Valores No. 7732 de 17 de diciembre de 1997)

Concordancias

Arts. 102, 106, 120, 121 y 460 bis.
Arts. 1104 y 1105 C.C.

ARTÍCULO 492.- El deudor a quien se haga saber la cesión y tenga que oponer excepciones que no resulten del título cedido, deberá hacerla presente en el acto de la notificación o dentro del tercer día. Si no hiciere manifestación alguna acerca de tales excepciones dentro de ese término, serán rechazadas si se tratara de hacerlas valer posteriormente. Las excepciones que aparezcan del documento, podrán oponerse al cesionario en cualquier tiempo en la misma forma en que habrían de oponerse al cedente.

Para efectos de los casos establecidos en los incisos a) y b), del numeral anterior, el deudor únicamente podrá oponer contra el cesionario la excepción de pago, siempre que este se encuentre documentado y se haya realizado con anterioridad a la cesión, y la nulidad de la relación crediticia.

(Así adicionado este párrafo final por el artículo 187, inciso e), de la Ley Reguladora del Mercado de Valores No. 7732 de 17 de diciembre de 1997)

ARTÍCULO 493.- Salvo pacto en contrario, el cedente de un crédito mercantil responde tan solo de la legitimidad del crédito y de la personalidad con que hizo la cesión, pero no garantiza la solvencia del deudor.

Concordancias

Art. 699.
Arts. 1113 y 1114 C.C

ARTÍCULO 494.- La cesión de derechos litigiosos emanados de actos o contratos de comercio, no da lugar a retracto, cualquiera que sea el título del traspaso.

Concordancias

Arts. 1, 699, 742, 802 a) y 807.
Arts. 1121 y 1122 C.C.

CAPÍTULO V
DEL PRÉSTAMO

ARTÍCULO 495.- El contrato de préstamo se reputará mercantil cuando sea otorgado a título oneroso, aunque sea a favor de personas no comerciantes.

Concordancias

Arts. 1, 5, 531 y 546.
Arts. 1334-1347 C.C.

ARTÍCULO 496.- Salvo pacto en contrario, el préstamo mercantil será siempre retribuido. La retribución consistirá, a falta de convenio, en intereses legales calculados sobre la suma de dinero o el valor de la cosa prestada. Los intereses corrientes empezarán a correr desde la fecha del contrato, y los moratorios desde el vencimiento de la obligación.

Concordancia

Art. 1334.

ARTÍCULO 497.- Se denomina interés convencional el que convenga las partes, el cual podrá ser fijo o variable. Si se tratare de interés variable, para determinar la variación podrán pactarse tasas de referencia nacionales o internacionales o índices, siempre que sean objetivos y de conocimiento público.

Interés legal es el que se aplica supletoriamente a falta de acuerdo, y es igual a tasa básica pasiva del Banco Central de Costa Rica para operaciones en moneda nacional y a la tasa 'prime rate' para operaciones en dólares americanos.

Las tasas de interés previstas en este artículo podrán utilizarse en toda clase de obligaciones mercantiles, incluyendo las documentadas en títulos valores.

(Así reformado por el artículo 167 inciso h) de la ley Orgánica del Banco Central de Costa Rica, N° 7558 del 3 de noviembre de 1995)

Concordancias

Arts. 731, 788, 789 b) y 802.
Arts. 706, 780, 1162-1168 C.C.

(Nota: Se recomienda ver Ley No. 9859 que adiciona los artículos 36 bis, 36 ter y 36 quater a la Ley 7472, Ley de Promoción de la Competencia y Defensa Efectiva del Consumidor.)

ARTÍCULO 498.- Los intereses moratorios serán iguales a los intereses corrientes, salvo pacto en contrario.

Cuando se pacten intereses corrientes y moratorios, estos últimos no podrán ser superiores en un treinta por ciento (30%) de la tasa pactada para los intereses corrientes.

Cuando no se pacten intereses corrientes, pero sí moratorios, estos no podrán ser superiores en un treinta por ciento (30%) a la tasa de interés legal indicada en el artículo anterior.

(Así reformado por el artículo 167, inciso h), de la Ley Orgánica del Banco Central de Costa Rica No. 7558 del 3 de noviembre de 1995)

Concordancia

Art. 1164 C.C.

ARTÍCULO 499.- Los intereses se estipularán en dinero, aun cuando el préstamo no haya sido de dinero. Los intereses se pagarán en los términos del convenio, y, en su defecto, en los mismos plazos y condiciones en que haya de pagarse el capital.

ARTÍCULO 500.- El recibo de intereses que cubra año, semestre, trimestre, mes u otro período, hace presumir el pago de los anteriormente devengados.

ARTÍCULO 501.- Los recibos de la totalidad del capital, sin reserva de intereses, hace presumir el pago de éstos también, salvo prueba en contrario.

Concordancia

Art. 1165 C.C.

ARTÍCULO 502.- Las sumas entregadas a buena cuenta de la obligación, sin especificar si son para aplicar al capital o a intereses, se imputarán en primer término a intereses.

Concordancias

Arts. 780 y 783 inciso 1) C.C.

ARTÍCULO 503.- Salvo pacto en contrario el pago deberá hacerse en el domicilio del acreedor. Si no se hubiere fijado el plazo para hacerlo, la obligación será exigible diez días después de la fecha de otorgamiento.

Concordancias

Arts. 418, 419, 728 y 801.

ARTÍCULO 504.- Cuando se ha estipulado plazo, la devolución de la cosa se hará conforme a lo convenido; sin embargo, el deudor no podrá reclamar ese beneficio:

a) Cuando se han disminuido las seguridades estipuladas en el contrato, o no se han dado las que por convenio o por ley está obligado a dar;

b) Cuando estando la deuda dividida en varios plazos, deja de pagar cualquiera de ellos;

c) Cuando quiera ausentarse del país sin dejar bienes conocidos y suficientes para responder al pago de sus obligaciones; y

d) Cuando el deudor no atendiere debidamente a la conservación de la finca hipotecada o del bien dado en prenda.

Concordancias

Arts. 420, 512, 540, 544, 547, 549, 550 y 580.
Arts. 436 y 437 C.C.

ARTÍCULO 505.- Es prohibido capitalizar intereses. Sin embargo, si hecha la liquidación de una deuda se estuvieran debiendo intereses, se podrán sumar éstos al capital para formar un solo total. Al otorgar nuevo documento o prorrogar el anterior, pueden estipularse intereses sobre la totalidad de la obligación.

Concordancias

Arts. 792 y 802 d).

ARTÍCULO 506.- Tratándose de préstamos de cosas no fungibles, el deudor está obligado a devolver las mismas que recibió en el estado en que se las entregara el prestamista, salvo el deterioro natural por el transcurso del tiempo, de un uso moderado o de la naturaleza misma de la cosa.

ARTÍCULO 507.- Si el préstamo fuere en valores o efectos de comercio y al deudor no le fuere posible devolver los mismos que recibió, cumplirá su obligación entregando otros de la misma clase y valor.

Concordancias

Arts. 667 y siguientes.

ARTÍCULO 508.- En el préstamo de efectos de comercio, acciones y demás títulos-valores, quien los ha recibido está obligado a llevar a cabo el cobro de intereses y dividendos y hacer todas las diligencias necesarias para que el título conserve los derechos que le son inherentes.

Concordancias

Arts. 525 y 667 y siguientes.

CAPÍTULO VI
DE LA FIANZA

ARTÍCULO 509.- Para que la fianza se considere mercantil, basta que tenga por objeto asegurar el cumplimiento de un acto o contrato de comercio. La fianza mercantil será siempre solidaria, salvo reserva en contrario, y en consecuencia no podrá el fiador invocar el beneficio de excusión.

Concordancias

Arts. 432 y 893.
Arts. 1301-1333 C.C.

ARTÍCULO 510.- La fianza se ha de contraer necesariamente por escrito, cualquiera que sea su monto y no podrá exceder de la obligación principal.

ARTÍCULO 511.- El obligado a dar fiador debe presentar uno que tenga bienes suficientes para responder del pago de la obligación, quien quedará sujeto al domicilio en que ésta debe cumplirse.

ARTÍCULO 512.- Si la fianza dada llegare a ser insuficiente, debe darse otra. En las obligaciones a plazo, el acreedor que no exige fianza al celebrar el contrato, podrá exigirla después, si el deudor sufre notable menoscabo en sus haberes o pretende salir del país sin dejar suficientes bienes en que pueda hacerse efectiva la obligación, El deudor obligado a dar fianza, o a reponerla, perderá el beneficio del plazo si no lo hiciere dentro del término que el acreedor le señala por medio de requerimiento notarial o judicial. Ese término no podrá ser, en ningún caso, menor de diez días.

Concordancias

Arts. 420, 422 y 424.

ARTÍCULO 513.- El fiador, mediante pacto expreso, puede exigirle al deudor una retribución por la responsabilidad que contrae al dar la garantía.

ARTÍCULO 514.- El fiador puede exigir que el deudor le asegure el pago en los siguientes casos:

a) Si el deudor sufre menoscabo en sus bienes, de modo que se halle en riesgo de quedar insolvente;

b) Si pretende ausentarse del país sin dejar bienes sobre los cuales pueda recaer embargo;

c) Si la deuda se hace exigible; y

d) Si han transcurrido tres años, y la obligación principal no tiene término fijo y no es a título oneroso.

Concordancias

Arts. 520 y 893.

ARTÍCULO 515.- El fiador que paga se subroga en los derechos y garantías que tenía el acreedor, y puede exigir del deudor el reembolso del capital, y de los intereses por él satisfechos y los que corran con posterioridad, los gastos judiciales y de cualquier otro orden en que él hubiere incurrido por la falta de cumplimiento del deudor.

Concordancia

Art. 980.

ARTÍCULO 516.- Cuando hubiere varios fiadores solidarios simultáneos, y uno de ellos pagare, tiene derecho a dirigir demanda contra el deudor para que le reembolse en los términos que indica el artículo anterior; o contra los cofiadores por la parte proporcional en el total de la obligación, réditos y gastos. Tanto la acción contra el deudor como contra los fiadores, tendrá el carácter que conforme a las leyes corresponda al título en que se consiguió la obligación principal.

Cuando hubiere varios fiadores solidarios, pero que no hayan otorgado la garantía simultáneamente, si uno de ellos paga la obligación, tendrá derecho para exigir el reembolso de la totalidad de cualquiera de los que le precedan o de todos ellos, pero no tendrá acción alguna contra los que le sucedan.

Concordancia

Art. 943

ARTÍCULO 517.- La fianza otorgada a favor de un menor de edad o de un incapaz es nula; sin embargo, si el fiador al dar la garantía conocía las condiciones de su fiado, la fianza será buena y exigible aun cuando la obligación principal sea nula.

En cuanto a la acción del fiador corresponde para el reembolso, quedará sujeta a la situación jurídica de todo reclamo contra un incapaz o contra un menor, conforme a las disposiciones del Código Civil.

Concordancias

Arts. 31, 36-41 C.C.

ARTÍCULO 518.- Extinguida la obligación principal, se extingue la fianza. La dación en pago extingue la fianza, aun cuando el acreedor pierda después por evicción el bien que recibió.

Concordancias

Arts. 757 y 943.
Art. 968 C.C.
Art. 755 C.P.C. (de la Ley No. 7130, no derogado según artículo 183 a) del nuevo C.P.C.)

ARTÍCULO 519.- Cuando por hecho o culpa del acreedor, el fiador o fiadores no puedan subrogarse en los derechos y privilegios de éste, aunque sean solidarios, quedan descargados de la obligación en la misma proporción en que las garantías se hayan disminuido.

ARTÍCULO 520.- La simple prórroga concedida por el acreedor al deudor, no libera al fiador, pero en este caso, si la fianza no es onerosa, tiene derecho el fiador a que se le garantice.

CAPÍTULO VII
DEL DEPÓSITO

ARTÍCULO 521.- Se estima mercantil el depósito si las cosas depositadas son objeto de comercio, y se hace a consecuencia de una operación mercantil.

Concordancias

Arts. 253, 284, 335 e), 336 h), 430, 464, 481, 482, 537 y 538.
Arts. 1348-1359 C.C.

ARTÍCULO 522.- Salvo pacto en contrario, el depositario tiene derecho a exigir retribución por el depósito, la cual se fijará en el respectivo contrato; y en defecto de convenio, cobrará conforme a la costumbre de la plaza en que quede depositado el objeto. Podrá hacer uso del derecho de retención en tanto no se le pague la retribución que le corresponde.

Concordancia

Art. 1357 C.C.

ARTÍCULO 523.- El depósito está obligado a conservar la cosa objeto del depósito en el estado en que la reciba, con los aumentos si los tuviere. En el ejercicio del depósito, responderá el depositario de los menoscabos, daños y perjuicios que las cosas depositadas sufran por culpa, dolo o negligencia suya o de sus empleados o encargados.

El depositario no podrá usar la cosa depositada, salvo cuando se trata de cosas fungibles y previa autorización del dueño.

Concordancias

Arts. 527 y 528.

ARTÍCULO 524.- Cuando el depósito en dinero se entregue con identificación de las piezas que lo constituyen o en sobres, sacos o cajas cerradas y selladas, el depositario está obligado a devolver esos mismos objetos recibidos, y el depositante sufrirá las bajas que esas piezas hayan podido experimentar. Los riesgos de dicho depósito corren a cargo del depositario, siendo de su cuenta los daños que sufran, si no prueba que ocurrieron por fuerza mayor o caso fortuito. Cuando los depósitos en dinero se constituyan pura y simplemente sin especificación de moneda, ni en cajas o sobres sellados o cerrados, el depositario responde de los menoscabos, daños y perjuicios que sufra el depósito.

El depósito deberá ser restituido al depositante cuando lo reclame, salvo que se hubiere fijado un plazo en beneficio del depositario. El depositario podrá, por justa causa, devolver la cosa antes del plazo convenido. Si no se hubiere fijado término, el depositario que quiera restituir la cosa deberá avisar por escrito al depositante la fecha de devolución, con un plazo no menor de quince días.

Concordancia

Art. 508.

ARTÍCULO 525.- Los depositarios de títulos-valores, efectos o documentos que devenguen intereses o dividendos, quedan obligados a efectuar el cobro de éstos en las épocas de sus vencimientos, así como también a practicar cuantos actos, diligencias o recursos sean necesarios para que los efectos depositados conserven su valor y los derechos que les son inherentes con arreglo a las disposiciones legales.

Concordancias

Arts. 667 y siguientes.

ARTÍCULO 526.- Cuando el depositario dispusiere, con asentimiento del depositante de las cosas depositadas, cesarán los derechos y obligaciones del contrato de depósitos y surgirán los del nuevo contrato que se celebrare.

ARTÍCULO 527.- El depositario de una cantidad de dinero no puede usarla, y si lo hiciere quedan a su cargo todos los perjuicios que ocurran al depositante, debiendo además pagarle los intereses legales.

Concordancias

Arts. 497, 498, 523 y 617.

ARTÍCULO 528.- En los depósitos de cosas fungibles el depositante podrá convenir en que le restituyan cosas de la misma especie y calidad. En este caso, sin que cesen las obligaciones propias del depositante, el depositario asumirá el carácter de propietario para los efectos de las pérdidas, daños y menoscabos que puedan sufrir las cosas depositadas.

ARTÍCULO 529.- Los depósitos que se hacen en los bancos en cuenta corriente, o en cualquier otra forma, se rigen por las disposiciones del capítulo de Cuenta Corriente Bancaria y por lo que al respecto dispone la (*) Ley Orgánica del Sistema Bancario Nacional y los reglamentos respectivos.

Concordancias

Arts. 612 y siguientes.

**Nota: ver art. 59 de la Ley Orgánica del Sistema Bancario Nacional.*

CAPÍTULO VIII
DEL CONTRATO DE PRENDA

DISPOSICIONES GENERALES

ARTÍCULO 530.- El contrato de prenda servirá para la garantía de toda clase de obligaciones que tengan por objeto bienes muebles inscribibles con sujeción a las reglas de los artículos siguientes, excepción hecha de préstamos que hagan las casas de empeño y montepíos, almacenes generales de depósito y garantías mobiliarias que se rigen por disposiciones especiales.

(Así reformado por la Ley de Garantías Mobiliarias No. 9246)

Concordancias

Arts. 441-447, 604, y 861.
Arts. 706, 764, 943, 993 inciso 3), 994, 1109, y 1406 C.C.
Arts. 166 y siguientes C.P.C.
Nota: Se recomienda ver Ley de Garantías Mobiliarias y reglamento.

ARTÍCULO 531.- Todo préstamo que se efectúe con arreglo a las disposiciones de este capítulo será reputado como una operación comercial, independientemente de las calidades de las partes contratantes.

(Así reformado por el artículo 74.3 de la Ley No. 9957)

Concordancias

Arts. 1, 5, 6, y 495.

ARTÍCULO 532.- DEROGADO.

(Derogado por la Ley de Garantías Mobiliarias No. 9246)

ARTÍCULO 533.- DEROGADO.

(Derogado por la Ley de Garantías Mobiliarias No. 9246)

ARTÍCULO 534.- DEROGADO.

(Derogado por la Ley de Garantías Mobiliarias No. 9246)

ARTÍCULO 535.- DEROGADO.

(Derogado por la Ley de Garantías Mobiliarias No. 9246)

ARTÍCULO 536.- Es nula toda cláusula que autorice al acreedor para apropiarse de la prenda o para disponer de ella en caso de no pago. En el momento de celebrar el contrato puede autorizarse al acreedor para que saque a remate los efectos dados en garantía por medio de un corredor jurado o notario y sin necesidad de procedimientos judiciales. En este caso, será obligación del corredor jurado o notario público encargado de la subasta publicar, por una sola vez en el diario oficial, el aviso del remate con ocho días de anticipación, contando entre ellos el de la publicación y el remate. El aviso deberá contener por lo menos los siguientes requisitos: el día, la hora y el sitio en que haya de celebrarse el remate; la descripción lacónica de la naturaleza, clase y estado de los bienes objeto de la subasta; la base del remate; expresión de si la subasta se hace o no libre de gravámenes o anotaciones. La fecha del remate debe notificarse por escrito al deudor con diez días de anticipación por lo menos. La base para el remate será la fijada en el contrato respectivo y, si no se hubiera previsto, servirá de base el precio corriente en el mercado el día en que se solicite la venta bajo la responsabilidad del corredor jurado o notario.

(Así reformado por la Ley de Garantías Mobiliarias No. 9246)

Concordancia

Art. 311.

SECCIÓN I
DE LA CONSTITUCIÓN DE LA PRENDA

ARTÍCULO 537.- Las prendas en las que se ofrezcan como garantía vehículos automotores, buques o aeronaves deberán ser constituidas en escritura pública. El deudor conservará, a nombre del acreedor pignoraticio, la posesión de la cosa empeñada y asumirá las obligaciones y responsabilidades de un depositario; además, responderá por los daños que sufran las cosas y no provengan de caso fortuito, fuerza mayor ni de la naturaleza misma de los objetos. Como prueba del depósito servirá el documento o certificado que acredite la constitución de la prenda o la certificación del Registro de Bienes Muebles.

(Así reformado por la Ley de Garantías Mobiliarias No. 9246)

Concordancias

Arts. 521 y siguientes, 533 i), 538, 548, y 554.

SECCIÓN II
DE LA PRENDA EN PODER DEL ACREEDOR O DE UN TERCERO

ARTÍCULO 538.- Pueden convenir las partes en que la cosa dada en prenda se mantenga en manos del acreedor o de un tercero.

El acreedor o el tercero asumirán, en ese caso, el carácter de depositarios, y responderán de los deterioros y perjuicios que sufriere el objeto por culpa, dolo o negligencia suya o de alguno de sus delegados o dependientes.

Concordancias

Arts. 521 y siguientes. 533 i), y 537.

ARTÍCULO 539.- El deudor no podrá, salvo pacto en contrario, reclamar la restitución de la prenda en todo o en parte, mientras no haya pagado la totalidad de la deuda por capital e intereses, y los gastos de conservación debidamente comprobados.

Concordancias

Art. 561.
Arts. 166 y siguientes C.P.C.

SECCIÓN III
DE LOS PRIVILEGIOS

ARTÍCULO 540.- Los bienes afectados por prenda garantizarán al acreedor, con privilegio especial, el importe de la operación y los intereses, comisiones y gastos, y ambas costas, en los términos que indique el contrato y las disposiciones de este capítulo.

Concordancia

Arts. 3.5., 86, 87, y 166 y siguientes C.P.C.

ARTÍCULO 541.- El deudor que hubiera contraído una obligación con garantía prendaria no podrá gravar los mismos bienes para garantizar otra deuda, sin advertir en el nuevo contrato que existen el o los gravámenes anteriores. Si el deudor omitiera esa advertencia al constituir la garantía prendaria en el nuevo documento, no expresara que existen otros gravámenes de orden preferente, será considerado reo de estafa y castigado conforme a las disposiciones del Código Penal.

El Registro no inscribirá documento alguno en que se constituya un gravamen de prenda, sin revisar previamente, bajo su responsabilidad, los asientos de inscripción para determinar si existe inscrito o presentado algún contrato anterior sobre los mismos bienes muebles inscribibles. En caso de duda en cuanto a la identificación, el Registro exigirá, antes de practicarse la inscripción, la aclaración necesaria de parte de los contratantes.

(Así reformado por la Ley de Garantías Mobiliarias No. 9246)

Concordancia

Art. 581.

ARTÍCULO 542.- El privilegio del acreedor no perjudicará a terceros de buena fe sino a partir de la fecha de la presentación del documento respectivo al Registro para su inscripción, y tal privilegio se mantendrá por todo el tiempo en que la obligación no sea cancelada, no haya prescrito por el transcurso de cuatro años a contar del vencimiento de la obligación o no se haya extinguido por otra causa. Queda a salvo lo dispuesto sobre el particular por la Ley Orgánica del Sistema Bancario Nacional.

Concordancias

Art. 984.
Art. 455 C.C.

ARTÍCULO 543.- DEROGADO.

(Derogado por la Ley de Garantías Mobiliarias No. 9246)

ARTÍCULO 544.- Sin perjuicio del derecho del acreedor de inspeccionar los bienes dados en garantía, podrá estipularse en el contrato de prenda que el deudor deberá presentar periódicamente un informe descriptivo del estado de los objetos pignorados.

(Así reformado por la Ley de Garantías Mobiliarias No. 9246)

Concordancia

Art. 547.

ARTÍCULO 545.- La cosa dada en prenda tiene limitada su responsabilidad a la suma que se garantiza con ella. Si fueren varios los bines dados en prenda y no hubiere limitado en el contrato la responsabilidad de cada uno de ellos, se entenderá que todos y cada uno responden por la totalidad de la deuda; pero si se hubiere limitado la responsabilidad, cada cosa o grupo de cosas o bienes responderá por la parte que se le hubiere asignado en la garantía.

(Así reformado por el artículo 1° de la ley N° 3303 de 20 de julio de 1964)

Concordancia

Art. 984 C.C.

ARTÍCULO 546.- DEROGADO.

(Derogado por la Ley de Garantías Mobiliarias No. 9246)

ARTÍCULO 547.- Durante la vigencia del contrato, el acreedor, por sí mismo o por medio de agente o representante que acompañe carta suya autorizándolo para ello, podrá inspeccionar el estado de los bienes objeto de la prenda y, si a juicio de él o su agente representante se encontraron sufriendo daño o deterioro o en peligro de sufrirlo por motivo de abandono, descuido o impericia de parte del deudor, el acreedor podrá acudir con la prenda al juez de la jurisdicción correspondiente del domicilio del deudor o al del lugar en que estén situados los bienes, a opción del acreedor, por los trámites establecidos para los actos de jurisdicción voluntaria, pidiendo que le nombre un perito para que examine el estado de los bienes y previo el informe de este, si resultara cierto el cargo, el juez ordenará al deudor tomar las medidas necesarias para evitar el daño o deterioro. Si el deudor no cumpliera lo ordenado dentro del término que se hubiera fijado, se autorizará al acreedor para que haga lo que sea necesario para atender debidamente al cuido de los bienes afectados, caso en el cual los gastos en que incurriera el acreedor se tendrán como obligaciones accesorias cubiertas por el gravamen prendario. En casos muy calificados, el juez podrá quitar el depósito de los bienes al deudor y conferirlo al acreedor o a un tercero. También podrá ordenar, cuando así lo juzgue necesario, el remate de los bienes, en cuyo caso el deudor perderá el beneficio del plazo.

(Así reformado por la Ley de Garantías Mobiliarias No. 9246)

Concordancia

Art. 544.
Arts. 166 y siguientes; 177 y 178 C.P.C.

ARTÍCULO 548.- DEROGADO.

(Derogado por la Ley de Garantías Mobiliarias No. 9246)

ARTÍCULO 549.- DEROGADO.

(Derogado por la Ley de Garantías Mobiliarias No. 9246)

ARTÍCULO 550.- DEROGADO.

(Derogado por la Ley de Garantías Mobiliarias No. 9246)

SECCIÓN IV
DEL REGISTRO DE PRENDAS

ARTÍCULO 551.- Corresponde al Registro de Bienes Muebles, como dependencia del Registro Nacional, el control jurídico y la publicidad registral de los contratos prendarios respecto a aeronaves, embarcaciones y vehículos inscribibles, excluyendo dentro de esta última categoría a aquellos que se describan como equipo especial genérico, equipo especial agrícola, equipo especial obras civiles, remolque genérico, remolque liviano, semirremolque, sobre los cuales y a pesar de encontrarse inscritos en el Registro de Bienes Muebles no se les aplicará el régimen de prenda común sino que se utilizará el régimen de garantía mobiliaria.

(Así reformado por la Ley de Garantías Mobiliarias No. 9246)

Concordancias

Arts. 449, 451 y 452 C.C.

ARTÍCULO 552.- DEROGADO.

(Derogado por la Ley de Garantías Mobiliarias No. 9246)

ARTÍCULO 553.- DEROGADO.

(Derogado por la Ley de Garantías Mobiliarias No. 9246)

SECCIÓN V
DE LA INSCRIPCIÓN Y TRASPASO DEL CERTIFICADO DE PRENDA

ARTÍCULO 554.- El contrato de prenda sobre aeronaves, embarcaciones y vehículos sujetos a inscripción, sus modificaciones, prórrogas, cesiones, novaciones, cancelaciones totales o parciales o cualquier otro acto jurídico vinculado con él, deberá constar por escrito y se hará en escritura pública. El contrato deberá contener el nombre, los apellidos, las calidades y el domicilio del acreedor, si se tratara de una persona física, o la razón social o denominación, cuando se trate de una persona jurídica. Deberá consignar una descripción exacta de los bienes dados en garantía, su responsabilidad, la estimación para el remate, la indicación de quién es el depositario, la especificación del seguro, si lo hubiera, el lugar de pago del capital y los intereses, la fecha de vencimiento y todos los demás datos indispensables para identificar los bienes dados en garantía y su responsabilidad.

(Así reformado por la Ley de Garantías Mobiliarias No. 9246)

Concordancias

Arts. 530, 533 i), 537, 538, y 685.
Arts. 42 y siguientes C.C.

ARTÍCULO 555.- DEROGADO.

(Derogado por la Ley de Garantías Mobiliarias No. 9246)

ARTÍCULO 556.- El título en que conste la prenda debidamente inscrita es trasmisible por cesión. El cedente será responsable solidariamente con el deudor, salvo que la cesión contenga enunciaciones que modifiquen, limiten o eliminen esa responsabilidad. La cesión debe ser notificada al deudor e inscrita en el Registro de Bienes Muebles.

(Así reformado por la Ley de Garantías Mobiliarias No. 9246)

Concordancias

Arts. 490-493, 686, 688, 695, 698, 699, 703-705.

ARTÍCULO 557.- Toda modificación en el contrato de prenda ya inscrito tiene que ser anotada al margen del asiento original en que se inscribió el contrato. Si el contrato se hubiera consignado en escritura pública, cualquier modificación convenida entre las partes se podrá hacer de igual forma, sin que sea indispensable presentar de nuevo al Registro el contrato principal. Siempre que una cosa dada en prenda se traspase por cualquier título, deberá anotarse este contrato en el Registro, a efectos de saber a quién debe requerirse para la presentación de los objetos dados en garantía, en caso de remate. También, se le notificará a ese adquirente, por si desea pagar la obligación en vez de abandonar los bienes a la ejecución.

(Así reformado por la Ley de Garantías Mobiliarias No. 9246)

Concordancias

Art. 537.
Arts. 3.5., 86, 87, y 157 y siguientes, C.P.C.

ARTÍCULO 558.- Todos los convenios y actos relacionados con la prenda sobre aeronaves, embarcaciones y vehículos sujeta a inscripción, no perjudicarán a tercero de buena fe, sino desde la fecha de presentación del documento al Registro.

(Así reformado por la Ley de Garantías Mobiliarias No. 9246)

Concordancias

Arts. 542, 551 y 552.

ARTÍCULO 559.- La inscripción no convalida los actos o contratos inscritos que sean nulos o anulables conforme a la ley. Sin embargo, los actos o contratos que se ejecuten u otorguen por persona que en el Registro aparezca con derecho para ello, una vez inscritos no se invalidarán en cuanto a terceros de buena fe, aunque después se anule o resuelva el derecho del otorgante en virtud de título no inscrito o de causas implícitas, o de causas que aunque explícitas no consten en el Registro.

Concordancias

Arts. 456, y 835 y siguientes C.C.

ARTÍCULO 560.- Tratándose de prendas sobre aeronaves, embarcaciones y vehículos sujeta a inscripción se anotarán en el Registro los mandamientos judiciales que acrediten haberse establecido la ejecución prendaria contra el deudor o endosante y el decreto de embargo sobre los derechos del acreedor. Esta última anotación tendrá el valor que le confiere el artículo 458 del Código de Procedimientos Civiles.

(Así reformado por la Ley de Garantías Mobiliarias No. 9246. NOTA: ver artículos 77 y siguientes C.P.C.)

SECCIÓN VI
DEL PAGO Y EXTINCIÓN DE LA PRENDA

ARTÍCULO 561.- El deudor de la prenda podrá liberar en cualquier momento el gravamen constituido sobre los bienes afectados al contrato, mediante el pago al acreedor en el lugar que corresponda legalmente, del importe total de la deuda, intereses estipulados y cualesquiera accesorios que en el contrato se consignen. El acreedor, al recibir el pago, entregará el documento con la respectiva constancia de cancelación.

Si el acreedor se negare a recibir el pago o a cancelar el título, podrá el deudor, ante el juez del domicilio del acreedor, hacer la consignación correspondiente. Esta consignación no requiere oferta real de pago.

Concordancias

Arts. 539 y 563.
Arts. 797 y siguientes C.C.
Art. 179 C.P.C.

ARTÍCULO 562.- DEROGADO.

(Derogado por el artículo 4 de la ley No. 7130 de 16 de agosto de 1989)

ARTÍCULO 563.- Cuando el deudor efectúe pagos parciales, si a ello lo autorizare el contrato, tendrá derecho a que se tome razón de ellos en el Registro y en el documento. Si el acreedor se negare a cancelar parcialmente estando obligado a ello, el interesado podrá consignar la suma correspondiente a la orden del juez.

Si fueren varias las cosas dadas en prenda y en el contrato se hubiere fijado su responsabilidad por separado, le corresponderá al deudor, la imputación de pagos, salvo pacto en contrario, y en cualquier momento podrá solicitar la liberación del objeto cuyo valor e interés proporcionales queden cubiertos con el abono.

(Así reformado por el artículo 3 de la Ley No. 7130 de 16 de agosto de 1989)

Concordancias

Arts. 545, 554, 557 y 558.
Arts. 779-783, 787 y siguientes C.C.
Art. 179 C.P.C.

ARTÍCULO 564.- DEROGADO.

(Derogado por el artículo 4 de la ley No. 7130 de 16 de agosto de 1989)

ARTÍCULO 565.- DEROGADO.

(Derogado por el artículo 4 de la ley No. 7130 de 16 de agosto de 1989)

ARTÍCULO 566.- DEROGADO.

(Derogado por el artículo 4 de la ley No. 7130 de 16 de agosto de 1989)

ARTÍCULO 567.- DEROGADO.

(Derogado por el artículo 4 de la ley No. 7130 de 16 de agosto de 1989)

ARTÍCULO 568.- DEROGADO.

(Derogado por el artículo 4 de la ley No. 7130 de 16 de agosto de 1989)

ARTÍCULO 569.- DEROGADO.

(Derogado por el artículo 4 de la ley No. 7130 de 16 de agosto de 1989)

ARTÍCULO 570.- DEROGADO.

(Derogado por el artículo 4 de la ley No. 7130 de 16 de agosto de 1989)

ARTÍCULO 571.- DEROGADO.

(Derogado por el artículo 4 de la ley No. 7130 de 16 de agosto de 1989)

ARTÍCULO 572.- DEROGADO.

(Derogado por el artículo 4° de la ley No. 7130 de 16 de agosto de 1989)

ARTÍCULO 573.- DEROGADO.

(Derogado por el artículo 4 de la ley No. 7130 de 16 de agosto de 1989)

ARTÍCULO 574.- DEROGADO.

(Derogado por el artículo 4 de la ley No. 7130 de 16 de agosto de 1989)

ARTÍCULO 575.- DEROGADO.

(Derogado por el artículo 4 de la ley No. 7130 de 16 de agosto de 1989)

ARTÍCULO 576.- DEROGADO.

(Derogado por el artículo 4° de la ley No. 7130 de 16 de agosto de 1989)

ARTÍCULO 577.- DEROGADO.

(Derogado por el artículo 4 de la ley No. 7130 de 16 de agosto de 1989)

ARTÍCULO 578.- La prenda se extingue:

a) Por prescripción, cuyo término es de cuatro años a partir del vencimiento de la obligación;

b) Por pago total;

c) Por la resolución del derecho del constituyente, en los casos en que conforme a la ley, las acciones resolutorias perjudican a terceros;

d) Por la venta judicial en los casos en que el comprador deba recibir la cosa libre de gravámenes; y

e) Por extinción de la obligación principal.

Concordancias

Arts. 433, 435, 542, y 984.
Arts. 441 y siguientes; y 764 y siguientes C.C.

ARTÍCULO 579.- DEROGADO.

(Derogado por el artículo 4 de la ley No. 7130 de 16 de agosto de 1989)

ARTÍCULO 580.- En las obligaciones prendarias, pagaderas por tractos sucesivos, la falta de pago de uno de ellos hará vencida y exigible toda la obligación, salvo pacto en contrario.

Concordancias

Arts. 420, 456, 520, 758, y 802 b).

ARTÍCULO 581.- Las prendas de grado inferior, automáticamente deberán ocupar el lugar de la inmediata anterior, cuando quiera que ésta quede cancelada. Esto se observará, salvo que sea convenido expresamente en el documento que la prenda de grado inferior mantenga ese grado aun cuando se cancelen las anteriores. El nuevo gravamen no podrá ser superior al que existía cuando se estableció la prenda.

Concordancia

Art. 541.

CAPÍTULO IX
DEL CONTRATO DE EDICIÓN

ARTÍCULO 582.- DEROGADO.

(Derogado por el artículo 161 de la ley No. 6683 del 14 de octubre de 1982)

ARTÍCULO 583.- DEROGADO.

(Derogado por el artículo 161 de la ley No. 6683 del 14 de octubre de 1982)

ARTÍCULO 584.- DEROGADO.

(Derogado por el artículo 161 de la ley No. 6683 del 14 de octubre de 1982)

ARTÍCULO 585.- DEROGADO.

(Derogado por el artículo 161 de la ley No. 6683 del 14 de octubre de 1982)

ARTÍCULO 586.- DEROGADO.

(Derogado por el artículo 161 de la ley No. 6683 del 14 de octubre de 1982)

ARTÍCULO 587.- DEROGADO.

(Derogado por el artículo 161 de la ley No. 6683 del 14 de octubre de 1982)

ARTÍCULO 588.- DEROGADO.

(Derogado por el artículo 161 de la ley No. 6683 del 14 de octubre de 1982)

ARTÍCULO 589.- DEROGADO.

(Derogado por el artículo 161 de la ley No. 6683 del 14 de octubre de 1982)

ARTÍCULO 590.- DEROGADO.

(Derogado por el artículo 161 de la ley No. 6683 del 14 de octubre de 1982)

ARTÍCULO 591.- DEROGADO.

(Derogado por el artículo 161 de la ley No. 6683 del 14 de octubre de 1982)

ARTÍCULO 592.- DEROGADO.

(Derogado por el artículo 161 de la ley No. 6683 del 14 de octubre de 1982)

ARTÍCULO 593.- DEROGADO.

(Derogado por el artículo 161 de la ley No. 6683 del 14 de octubre de 1982)

ARTÍCULO 594.- DEROGADO.

(Derogado por el artículo 161 de la ley No. 6683 del 14 de octubre de 1982)

ARTÍCULO 595.- DEROGADO.

(Derogado por el artículo 161 de la ley No. 6683 del 14 de octubre de 1982)

ARTÍCULO 596.- DEROGADO.

(Derogado por el artículo 161 de la ley No. 6683 del 14 de octubre de 1982)

ARTÍCULO 597.- DEROGADO.

(Derogado por el artículo 161 de la ley No. 6683 del 14 de octubre de 1982)

ARTÍCULO 598.- DEROGADO.

(Derogado por el artículo 161 de la ley No. 6683 del 14 de octubre de 1982)

ARTÍCULO 599.- DEROGADO.

(Derogado por el artículo 161 de la ley No. 6683 del 14 de octubre de 1982)

ARTÍCULO 600.- DEROGADO.

(Derogado por el artículo 161 de la ley No. 6683 del 14 de octubre de 1982)

ARTÍCULO 601.- DEROGADO.

(Derogado por el artículo 161 de la ley No. 6683 del 14 de octubre de 1982)

CAPÍTULO X
DEL CONTRATO DE CUENTA CORRIENTE

DE LA CUENTA CORRIENTE EN GENERAL

ARTÍCULO 602.- La cuenta corriente es un contrato por el cual una de las partes remite a la otra, o recibe de ella, en propiedad, cantidades de dinero, mercaderías, títulos-valores u otros efectos de tráfico mercantil, sin aplicación a empleo determinado, ni obligación de tener a la orden una cantidad o un valor equivalente, pero con el deber de acreditar al remitente tales remesas, de liquidarlas en las épocas convenidas, de compensarlas hasta la concurrencia del "débito" y el "crédito" y de pagar de inmediato el saldo en su contra si lo hubiere.

Concordancias

Arts. 110 y 111 C.P.C.

ARTÍCULO 603.- Antes de la liquidación de la cuenta corriente, ninguno de los contratantes será considerado acreedor o deudor del otro. La liquidación determinará la persona del acreedor, la del deudor y el saldo adeudado.

ARTÍCULO 604.- El cuentacorrentista que incluya en la cuenta un crédito garantizado con prenda o hipoteca, tendrá derecho de hacer efectiva la garantía por el importe del crédito garantizado, en cuanto resulte acreedor del saldo.

Si por un crédito comprendido en la cuenta hubiere fiadores o co-obligados, éstos quedarán obligados en los términos de sus contratos por el monto de ese crédito en favor del cuentacorrentista que hizo la remesa y en cuanto éste resulte acreedor del saldo.

Concordancias

Arts. 530 y siguientes.
Arts. 409-425 C.C.

ARTÍCULO 605.- La entrega o traspaso que se haga de un título-valor a cargo de tercero, se entenderá acreditado "salvo buen cobro".

Concordancias

Arts. 623, 667 y siguientes, 674, y 834.

ARTÍCULO 606.- Los embargos o retenciones de valores asentados en la cuenta corriente sólo serán eficaces respecto del saldo que resultare al liquidar ésta, pero en el entendido de que el embargo afectará únicamente el haber del deudor al tiempo en que el embargo se practique, pero no el que eventualmente pueda derivarse de operaciones posteriores al mismo. En el caso de que se produzca un embargo en el haber eventual de uno de los cuentacorrentistas, el otro puede pedir la resolución del contrato.

Concordancias

Art. 425.
Art. 692 C.C.

ARTÍCULO 607.- La admisión en la cuenta corriente de obligaciones anteriores de cualquiera de los contratantes en favor del otro, producirá novación, a menos que el acreedor o deudor hagan una formal reserva a este respecto. En ausencia de reserva expresa, la admisión de un valor en cuenta corriente se presumirá hecha pura y simplemente.

Concordancias

Arts. 814 y siguientes C.C.

ARTÍCULO 608.- Pone fin al contrato de cuenta corriente:

a) El vencimiento del plazo estipulado;

b) El consentimiento de las partes;

c) La apertura de la etapa de liquidación en un proceso concursal de cualquiera de ellas; y

(Así reformado por el artículo 74.3 de la Ley No. 9957)

d) La voluntad de una de las partes de terminarlo, cuando no hubiere plazo estipulado, y siempre que le haga saber a la otra con treinta días de anticipación.

Concordancias

Arts. 417, 418, y 424.
Art. 1022 C.C.

ARTÍCULO 609.- Ni la muerte ni la incapacidad de una de las partes pone fin al contrato, salvo que la sucesión o los representantes legales del incapaz, así lo dispongan.

ARTÍCULO 610.- Las partes podrán convenir en cuanto a la época de balances parciales; pero, al final, ha de realizarse necesariamente cada año, aunque no se haya estipulado. También, podrán convenir en cuanto a los intereses sobre los saldos, las comisiones sobre ventas y las demás cláusulas pertinentes en el comercio. Si nada de eso se ha estipulado, los intereses moratorios se calcularán según lo dispuesto en el artículo 498 de esta ley, y si existen comisiones por liquidar, se procederá conforme al uso de la plaza.

(Así reformado por el artículo 167, inciso h), de la Ley Orgánica del Banco Central de Costa Rica No. 7558 del 3 de noviembre de 1995)

ARTÍCULO 611.- La terminación de la cuenta fijará invariablemente el estado de las relaciones jurídicas de las partes, producirá de pleno derecho la compensación de todas las partidas hasta la cantidad concurrente y hará exigible por vía ejecutiva el saldo deudor que conste en certificación debidamente expedida por un contador público autorizado y pagadas las especies fiscales que correspondan al monto del saldo adeudado.

También tendrán el carácter de título ejecutivo las certificaciones de los saldos de sobregiros en cuentas corrientes bancarias y de líneas de crédito para el uso de tarjetas de crédito, expedidas por un contador público autorizado.

(Así adicionado este párrafo por el artículo 166, inciso d), de la Ley Orgánica del Banco Central de Costa Rica No. 7558 del 3 de noviembre de 1995)

Concordancias

Arts. 632 bis.
Arts. 111.2.7. C.P.C.

CAPÍTULO XI
DE LA CUENTA CORRIENTE BANCARIA

ARTÍCULO 612.- La cuenta corriente bancaria es un contrato por medio del cual un Banco recibe de una persona dinero u otros valores acreditables de inmediato en calidad de depósito o le otorga un crédito para girar contra él, de acuerdo con las disposiciones contenidas en este capítulo. Los giros contra los fondos en cuenta corriente bancaria se harán exclusivamente por medio de cheques, sin perjuicio de las notas de cargo que el depositario emita, cuando para ello estuviere autorizado.

Concordancias

Arts. 372, 628, 693, 803 y siguientes.
Art. 1022 C.C.

ARTÍCULO 613.- La apertura de una cuenta corriente es facultativa de los Bancos, para lo cual podrán establecer las condiciones que estimen necesarias.

ARTÍCULO 614.- El contrato de cuenta corriente, ya se origine en depósito o en crédito debe ser expreso y constar por escrito.

Concordancias

Arts. 411-413.
Art. 1022 C.C.
Art. 45 C.P.C.

ARTÍCULO 615.- Las cuentas corrientes bancarias son inviolables y los bancos solo podrán suministrar información sobre ellas a solicitud o con autorización escrita del dueño, o por orden de autoridad judicial competente. Se exceptúa la intervención que en cumplimiento de sus funciones determinadas por la ley haga la Superintendencia General de Entidades Financieras, o la Dirección General de Tributación autorizada al efecto.

(Así reformado por el artículo 15 de la Ley No. 9068 del 10 de setiembre del 2012, "Ley para el cumplimiento del estándar de Transparencia Fiscal")

ARTÍCULO 616.- La cuenta corriente bancaria podrá ser cerrada a voluntad de cualquiera de las partes mediante aviso con tres días de anticipación. El cierre de una cuenta corriente termina con el contrato. Es obligación del Banco cancelar la cuenta corriente a aquellas personas que a su juicio, hicieren mal uso de la misma.

(La Sala Constitucional mediante resolución No. 6850 del 01 de junio de 2005, declaró que el presente artículo no es inconstitucional "(...) siempre y cuando se interprete que el cierre de la cuenta corriente por parte de una entidad bancaria debe motivarse y fundamentarse en elementos objetivos derivados de las condiciones específicas de operación del contrato de cuenta corriente...")

Concordancia

Art. 820.

ARTÍCULO 617.- El contrato de cuenta corriente permite al Banco utilizar los fondos depositados y al cuentacorrentista girarlos a voluntad, todo dentro de las estipulaciones legales correspondientes.

Concordancias

Arts. 527 y 529.

ARTÍCULO 618.- El Banco está obligado a pagar a su presentación los cheques que los cuentacorrentistas giren en debida forma, así como mantener al día los registros correspondientes para facilitar el depósito y giro de los fondos.

Concordancias

Arts. 814, 816, 817, 830 y 831.

ARTÍCULO 619.- El cuentacorrentista sólo podrá girar sobre los fondos efectiva y definitivamente acreditados a su cuenta o contra créditos concedidos por el Banco. Los cheques deben ser emitidos en forma tal que no se presten a falsificaciones o alteraciones.

Concordancias

Arts. 816-818, y 820.

ARTÍCULO 620.- Los depósitos efectuados en dinero efectivo, se considerarán acreditados definitivamente una vez anotados inmediatamente después de hechos; los que contengan cheques u otros títulos-valores, quedan sujetos a la condición de que tales cheques o títulos-valores, sean pagados por los respectivos girados en dinero efectivo y a entera satisfacción del banco. Una vez cobrados por el Banco se acreditará su valor en forma definitiva. Contra los depósitos recibidos para cuentas domiciliadas en otra oficina de un mismo banco, sólo se podrá girar cuando el depósito esté definitivamente acreditado en la cuenta corriente correspondiente. Para los efectos de este artículo, cuando el cobro de cheques u otros títulos-valores se verifique por medio de la Cámara de Compensación, esta entidad fijará los plazos para considerar los títulos-valores acreditados en la cuenta en forma definitiva.

ARTÍCULO 621.- Los Bancos llevarán un registro de las fórmulas de cheques que entreguen a sus clientes, con indicación de los números de los cheques y el nombre del cuentacorrentista.

Concordancia

Art. 803.

ARTÍCULO 622.- Por los depósitos que reciba el Banco entregará un comprobante o recibo que contendrá como requisitos mínimos el lugar de su emisión, la fecha, el nombre del Banco, el del cliente y la suma recibida. Dicho recibo deberá llevar para ser válido, un sello o marca del Banco, que sea garantía de seguridad para ambas partes.

ARTÍCULO 623.- Los títulos-valores recibidos en cuenta corriente por un Banco, de cualquier naturaleza que sean, se considerarán en gestión de cobro y su eficacia estará sujeta a lo establecido en el artículo siguiente.

Concordancias

Arts. 605, 667 y siguientes, y 834.

ARTÍCULO 624.- La validez de los recibos por depósitos que los Bancos entreguen a sus depositantes, quedará sujeta a la condición de que los cheques, órdenes de pago o cualquier otra clase de títulos-valores incluidos en los depósitos, sean pagados por los respectivos girados en dinero efectivo o su equivalente a satisfacción del Banco.

Concordancia

Art. 834.

ARTÍCULO 625.- Tratándose de cheques, órdenes de pago o cualquier otra clase de títulos-valores, emitidos contra el mismo Banco, sucursal o agencia, que reciba el depósito, su pago puede considerarse efectuado una vez que la oficina receptora los haya debitado en la cuenta del respectivo girador por encontrarlos correctos en todos sus extremos. En caso de que la oficina receptora no haya podido efectuar el débito en la cuenta del girador, por no tener el documento las condiciones requeridas, podrá cargar el importe de tales cheques o títulos-valores en la cuenta del depositante, siempre que el débito se efectúe el mismo día en que fue hecho el depósito.

ARTÍCULO 626.- Cuando los cheques, órdenes de pago u otros títulos-valores sean a cargo de un banco del mismo domicilio que el banco receptor, deberá éste presentarlos al cobro a más tardar el día hábil siguiente después de haberlos recibido y su pago se tendrá por efectuado si los respectivos girados no los hubieren devuelto, como lo establece la Cámara de Compensación.

Si tales títulos-valores son a cargo de girados con domicilio diferente al del Banco receptor, el plazo indicado se contará a partir del momento en que sean presentados para su cobro por la persona o entidad que el Banco receptor haya encargado de ello, en el domicilio de los girados. Tanto en uno como en otro caso, si el pago de los títulos-valores fuere denegado por cualquier motivo, el Banco receptor debitará a la cuenta de los depositantes el valor de los mismos al ser devueltos los respectivos documentos.

ARTÍCULO 627.- El depósito en cuenta corriente de un cheque emitido o endosado a la orden del cuentacorrentista, y admitido como bueno por el Banco, equivale a efectuar buen pago del título valor. En este caso no es indispensable que el depositante lo endose, sino que es suficiente una razón que indique que el monto del cheque debe acreditarse a la cuenta del dueño.

Concordancia

Art. 806.

ARTÍCULO 628.- El retiro de fondos de una cuenta corriente debe necesariamente hacerse por medio de fórmulas especiales que el Banco suministrará al cuentacorrentista. Solamente en casos especiales, el Banco podrá consentir en otra forma el retiro de fondos.

Concordancias

Arts. 612, 803 y siguientes.

ARTÍCULO 629.- En caso de extravío, pérdida, hurto o robo del cuaderno de cheques, el cuentacorrentista dará aviso inmediato al Banco, y éste, por su parte, no pagará ningún cheque extendido en las fórmulas a que se refiere la denuncia del cliente.

Concordancias

Arts. 822-825.

ARTÍCULO 630.- Los Bancos no están autorizados para efectuar cargos en las cuentas corrientes de sus clientes, excepto cuando exista autorización expresa, facultad legal al efecto u orden judicial.

ARTÍCULO 631.- El Banco está obligado a enviar periódicamente a sus cuentacorrentistas, por lo menos cada trimestre, un estado de sus cuentas corrientes. Si dentro de los sesenta días siguientes al envío, el cliente no objetare el estado, se tendrán por reconocidas las cuentas en la forma presentada y aceptado el saldo deudor o acreedor que indique dicho estado.

ARTÍCULO 632.- A solicitud de los clientes, los bancos certificarán mediante microfilmación, imagen digital o archivo electrónico, un detalle de los cheques que hayan pagado con cargo a sus cuentas corrientes. El plazo máximo de solicitud de esta certificación será de cuatro años después de la fecha de pago del cheque, y los bancos podrán cobrar por este servicio. La microfilmación o la imagen digital certificada constituirán plena prueba con respecto a todos los documentos relacionados con la operación de las cuentas corrientes y tendrán el mismo valor legal que el documento original. El Banco Central de Costa Rica determinará, en el Reglamento del Sistema de Pagos, las condiciones que debe cumplir la imagen digital certificada.

(Así reformado por el artículo 187, inciso f), de la Ley Reguladora del Mercado de Valores No. 7732 de 17 de diciembre de 1997)

ARTÍCULO 632 bis.- El sobregiro bancario o crédito en cuenta corriente es un contrato por medio del cual un banco abre un crédito a un cuentacorrentista, para sobregirarse en su cuenta por un monto mayor a sus haberes. Los giros contra la autorización podrán hacerse mediante cheques, tarjetas de cajero automático, tarjetas de débito o cualesquiera otros medios que las partes convengan. El saldo que resulte al finalizar el contrato de sobregiro bancario podrá ser exigido por el medio de garantía que acordaron las partes, o por la vía ejecutiva simple.

(Así adicionado por el artículo 166, inciso e), de la Ley Orgánica del Banco Central de Costa Rica No. 7558 del 3 de noviembre de 1995)

Concordancia

Arts. 611.

CAPÍTULO XII
DEL FIDEICOMISO

ARTÍCULO 633.- Por medio del fideicomiso el fideicomitente trasmite al fiduciario la propiedad de bienes o derechos; el fiduciario queda obligado a emplearlos para la realización de fines lícitos y predeterminados en el acto constitutivo.

ARTÍCULO 634.- Pueden ser objeto de fideicomiso toda clase de bienes o derechos que legalmente estén dentro del comercio. Los bienes fideicometidos constituirán un patrimonio autónomo apartado para los propósitos del fideicomiso.

ARTÍCULO 635.- El fideicomiso se constituirá por escrito, mediante acto entre vivos o por testamento. Las causales de indignidad que consagra el Código Civil se aplicarán al fideicomisario.

Concordancias

Art. 412.
Arts. 523-526 C.C.

ARTÍCULO 636.- El fideicomiso de bienes sujetos a inscripción deberá ser inscrito en el Registro respectivo. En virtud de la inscripción el bien quedará inscrito en nombre del fiduciario en su calidad de tal.

Concordancias

Arts. 236-241, y 459-463 C.C.

ARTÍCULO 637.- Puede ser fiduciario cualquier persona física o jurídica, capaz de adquirir derechos y contraer obligaciones. En el caso de personas jurídicas, su escritura constitutiva debe expresamente capacitarlas para recibir por contrato o por testamento la propiedad fiduciaria.

Concordancias

Arts. 10 d) y 18 inciso 5).

ARTÍCULO 638.- Si por cualquier causa faltare el fiduciario, el nombramiento del sustituto será hecho por el fideicomitente y en defecto de éste, por el juez civil de su jurisdicción a solicitud de parte interesada, siguiendo los trámites correspondientes a los actos de jurisdicción voluntaria.

Concordancias

Arts. 177 y 178 C.P.C.

ARTÍCULO 639.- El fideicomitente puede designar varios fiduciarios para que conjunta o sucesivamente desempeñen el fideicomiso y establecer el orden y las condiciones en que deben sustituirse.

ARTÍCULO 640.- Salvo lo que en contrario se establezca en el acto constitutivo, cuando se designen dos fiduciarios, éstos deberán obrar conjuntamente. La falta de acuerdo entre ellos será resuelta por el juez competente, siguiendo los trámites establecidos para los actos de jurisdicción voluntaria. Si se designaren tres o más, sus decisiones las tomarán por mayoría. El empate lo decidirá el nombrado en primer lugar.

Concordancias

Arts. 177 y 178 C.P.C.

ARTÍCULO 641.- Cuando sean varios los fiduciarios, el que disienta de la mayoría o no haya participado en la resolución, sólo será responsable de la ejecución llevada a cabo por sus cofiduciarios, en los siguientes casos:

a) Si delega, indebidamente sus funciones;

b) Si aprueba, consiente o encubre una infracción al fideicomiso; y

c) Si con culpa o negligencia graves, omite ejercer una vigilancia razonable sobre los actos de los demás.

ARTÍCULO 642.- El fiduciario que sustituya a otro en el cargo no es responsable de los actos de su predecesor, excepto en los casos siguientes:

a) Si ilícitamente el predecesor adquirió bienes que el sustituto, a sabiendas, conserva;

b) Si omite llevar a cabo las gestiones necesarias para constreñir al predecesor a que le entregue los bienes objeto del fideicomiso; y

c) Si se abstiene de promover las diligencias conducentes para que su predecesor repare cualquier incumplimiento en que hubiere incurrido en su gestión.

ARTÍCULO 643.- El fiduciario no podrá delegar sus funciones, pero sí designar, bajo su responsabilidad, a los auxiliares y apoderados que demande la ejecución de determinados actos del fideicomiso.

ARTÍCULO 644.- Son obligaciones y atribuciones del fiduciario:

a) Llevar a cabo todos los actos necesarios para la realización del fideicomiso;

b) Identificar los bienes fideicometidos, registrarlos, mantenerlos separados de sus bienes propios y de los correspondientes a otros fideicomisos que tenga, e identificar en su gestión el fideicomiso en nombre del cual actúa;

c) Rendir cuenta de su gestión al fideicomisario o su representante, y en su caso, al fideicomitente o a quien éste haya designado. Esas cuentas se rendirán, salvo estipulación en contrario, por los menos una vez al año;

d) Con preferencia a los demás acreedores, cobrar la retribución que le corresponda; y

e) Ejercitar los derechos y acciones necesarios legalmente para la defensa del fideicomiso y de los bienes objeto de éste.

ARTÍCULO 645.- El fiduciario deberá emplear en el desempeño de su gestión el cuidado de un buen padre de familia. Será removido de su cargo el que no cumpliera con las disposiciones de este capítulo o las instrucciones contenidas en el acto constitutivo. Tal remoción la hará el juez competente a solicitud del fideicomitente o de cualquier interesado, por los trámites establecidos para los actos de jurisdicción voluntaria.

Concordancias

Arts. 177 y 178 C.P.C.

ARTÍCULO 646.- Una vez aceptado el cargo, el fiduciario no podrá renunciarlo si no es por justa causa que el fideicomitente o el juez, en su caso, calificarán. El juez procederá a petición de parte interesada y por los trámites establecidos para los actos de jurisdicción voluntaria.

Concordancias

Arts. 177 y 178 C.P.C.

ARTÍCULO 647.- Se prohíbe al fiduciario garantizar los rendimientos de los bienes fideicometidos; si a la terminación del fideicomiso existieren créditos pendientes o en mora, éstos se traspasarán al beneficiario. El fiduciario responderá de cualquier pérdida que fuere ocasionada por su culpa o negligencia en la inversión o en el manejo y atención de los bienes fideicometidos.

ARTÍCULO 648.- En toda operación que implique adquisición o sustitución de bienes o derechos, o inversiones de dinero o fondos líquidos, debe el fiduciario ajustarse estrictamente a las instrucciones del fideicomiso. Cuando las instrucciones no fueren suficientemente precisas, o cuando se hubiere dejado la determinación de las inversiones a la discreción del fiduciario, la inversión tendrá que ser hecha en valores de la más absoluta y notoria solidez. El fiduciario, en tales casos, no podrá invertir en valores con fines especulativos; le es prohibido, asimismo, adquirir valores en empresas en proceso de formación o bienes raíces para revender. Si hiciere préstamos en dinero, éstos habrán de hacerse exclusivamente con garantía hipotecaria de primer grado, y en ningún caso por suma mayor del sesenta por ciento del avalúo del inmueble, realizado por peritos idóneos.

Puede constituirse un fideicomiso sobre bienes o derechos en garantía de una obligación del fideicomitente con el fideicomisario. En tal caso, el fiduciario puede proceder a la venta o remate de los bienes en caso de incumplimiento, todo de acuerdo con lo dispuesto en el contrato.

(Así adicionado este segundo párrafo por el artículo 187, inciso g), de la Ley Reguladora del Mercado de Valores No. 7732 de 17 de diciembre de 1997)

ARTÍCULO 649.- En las inversiones, para reducir el riesgo de posibles pérdidas, el fiduciario deberá diversificarlas y no podrá invertir en un solo negocio más de la tercera parte del patrimonio del fideicomiso, salvo autorización expresa del fideicomitente.

(Así reformado por el artículo 187, inciso h), de la Ley Reguladora del Mercado de Valores No. 7732 de 17 de diciembre de 1997)

ARTÍCULO 650.- De toda percepción de rentas, frutos o productos de liquidación que realice el fiduciario en cumplimiento de su cometido, dará aviso al fideicomisario en el término de los treinta días siguientes a su cobro. Dentro de ese término notificará toda inversión, adquisición o sustitución de bienes adquiridos; la notificación puede suprimirse por disposición expresa del fideicomitente o por la naturaleza del fideicomiso.

ARTÍCULO 651.- El fiduciario debe pagar los impuestos y tasas correspondientes a los bienes fideicometidos. Si teniendo con qué pagar no lo hiciere, será solidariamente responsable.

ARTÍCULO 652.- Salvo autorización expresa del fideicomitente, los bienes fideicometidos no podrán ser gravados. No obstante, la prohibición expresa del fideicomitente, el juez puede autorizar al fiduciario para gravar bienes, cuando se comprueben situaciones de emergencia que hagan indispensable la obtención de fondos. Para transigir o comprometer en árbitros también requerirá el fiduciario autorización judicial, siguiendo en ambos casos los trámites establecidos para los actos de jurisdicción voluntaria.

Concordancias

Arts. 177 y 178 C.P.C.

ARTÍCULO 653.- En caso de que existan dudas en cuanto al alcance del acto constitutivo del fideicomiso o de las obligaciones, derechos o atribuciones del fiduciario, éste o el fideicomisario pueden recurrir ante el juez en consulta, quien siguiendo los trámites establecidos para los actos de jurisdicción voluntaria, en diligencias sumarias dará su veredicto.

Concordancias

Arts. 177 y 178 C.P.C.

ARTÍCULO 654.- Además de los derechos que le conceda el acto constitutivo, el fideicomisario tendrá los siguientes:

a) Exigir del fiduciario el fiel cumplimiento de sus obligaciones;

b) Perseguir los bienes fideicometidos para reintegrarlos al patrimonio fideicomisado, cuando hayan salido indebidamente de éste; y

c) Pedir la remoción del fiduciario cuando proceda.

ARTÍCULO 655.- Serán válidos los fideicomisos honorarios siempre que no se constituyan para un fin absurdo o ilícito y no tiendan a la creación de una perpetuidad.

ARTÍCULO 656.- El fiduciario no podrá ser fideicomisario. De llegar a coincidir tales calidades, el fiduciario no podrá recibir los beneficios del fideicomiso en tanto la coincidencia subsista.

ARTÍCULO 657.- Cuando deban ser consultados los fideicomisarios a quienes interese una decisión, y el acto constitutivo no disponga otra cosa, se procederá así:

a) Si tuvieren la misma clase de derechos, sus acuerdos se tomarán por mayoría de votos, computados por intereses, y en caso de empate decidirá el juez civil, siguiendo los trámites establecidos para los actos de jurisdicción voluntaria; y

b) Si fueron sucesivos o tuvieron diversas clases de derechos, en caso de que hubieren opiniones discrepantes resolverá el juez civil. En todo caso el fiduciario tomará las medidas urgentes que exija de inmediato el interés del fideicomiso.

Concordancias

Arts. 177 y 178 C.P.C.

ARTÍCULO 658.- El fideicomiso constituido en fraude de acreedores podrá ser impugnado en los términos en que lo autoriza la legislación común. Se presume constituido en fraude de acreedores el fideicomiso en que el fideicomitente sea también fideicomisario único o principal, si hubiere varios. Contra esta presunción no se admitirán más pruebas que las de ser suficientes los beneficios del fideicomiso para satisfacer la obligación a favor del acreedor que lo impugne, o que el fideicomitente tenga otros bienes bastantes con qué pagar.

Concordancias

Arts. 20-23, 1023, 848 y 849 C.C.

ARTÍCULO 659.- El fideicomiso se extinguirá:

a) Por la realización del fin que éste fue constituido, o por hacerse éste imposible;

b) Por el cumplimiento de la condición resolutoria a que está sujeto;

c) Por convenio expreso entre fideicomitente y fideicomisario. En este caso el fiduciario podrá oponerse cuando queden sin garantía derechos de terceras personas nacidos durante la gestión del fideicomiso;

d) Por revocación que haga el fideicomitente, cuando se haya reservado ese derecho. En este caso deberán quedar garantizados los derechos de terceros adquiridos durante la gestión del fideicomiso; y

e) Por falta de fiduciario cuando existe imposibilidad de sustitución.

ARTÍCULO 660.- Si en el acto constitutivo del fideicomiso se señalare a quién, una vez extinguido aquél, deben trasladarse los bienes, así se hará. Si no se dijere nada, serán devueltos al fideicomitente, y si éste hubiese fallecido la entrega será hecha a su sucesión.

Concordancias

Arts. 115-135 C.P.C.

ARTÍCULO 661.- Quedan prohibidos:

a) Los fideicomisos con fines secretos;

b) Los fideicomisos en los que beneficio se conceda a diversas personas que sucesivamente deben sustituirse por muerte de la anterior, salvo el caso en que la sustitución se realice en favor de personas que, a la muerte del fideicomitente, están vivas o concebidas ya;

c) Los fideicomisos cuya duración sea mayor de treinta años, cuando se designe como fideicomisario a una persona jurídica, salvo si ésta fuere estatal o una institución de beneficencia, científica, cultural o artística, constituida con fines no lucrativos; y

d) Los fideicomisos en los que al fiduciario se le asignen ganancias, comisiones, premios u otras ventajas económicas fuera de los honorarios señalados en el acto constitutivo. Si tales honorarios no hubieren sido señalados, éstos serán fijados por el juez, oyendo el parecer de peritos, en diligencias sumarias especialmente incoadas al efecto y siguiendo los trámites establecidos para los actos de jurisdicción voluntaria.

Concordancias

Art. 655.
Arts. 20-22, 1023, 336, 359, 582 y 1396 C.C.
Arts. 177 y 178 C.P.C.

ARTÍCULO 662.- Cuando sea necesario inscribir en el Registro Público los bienes inmuebles fideicometidos, a favor de un fiduciario debidamente inscrito ante la Superintendencia General de Entidades Financieras (Sugef) y, en su calidad de tal, con un fideicomisario constituido como sociedad o empresa dedicada a prestar servicios financieros, la cual debe estar debidamente inscrita ante la Sugef, dichos inmuebles estarán exentos del impuesto sobre traspasos de bienes inmuebles y de todo pago por concepto de derechos de registro y demás impuestos que se pagan por tal inscripción, mientras los bienes permanezcan en el fideicomiso y constituyan una garantía, por una operación financiera o crediticia. Cuando el fiduciario traspase los bienes fideicometidos a un tercero diferente del fideicomitente original, se deberá cancelar la totalidad de los cargos por concepto de derechos de registro y demás impuestos que correspondan por esa segunda inscripción, incluido el impuesto sobre traspasos de bienes inmuebles. No podrá el fideicomitente formar parte conjunta o separada del fideicomisario ni el fideicomisario podrá formar parte conjunta o separada del fideicomitente.

Los bienes muebles e inmuebles fideicometidos a favor de un fiduciario, que permanezcan en un fideicomiso, debidamente inscrito en el Registro Público y constituido al amparo de la legislación que se reforma, cuando el fiduciario los traspase a un tercero diferente del fideicomitente original deberá cancelar la totalidad de los cargos por concepto de derechos de registro y demás impuestos que correspondan por esa segunda inscripción, incluido el impuesto sobre traspasos de bienes inmuebles y el impuesto sobre la transferencia de vehículos automotores, aeronaves y embarcaciones, cuando corresponda.

(Así reformado por el artículo 8° de la Ley No. 9069 del 10 de setiembre del 2012, "Ley de Fortalecimiento de la Gestión Tributaria")

CAPÍTULO XIII
DE LAS CUENTAS EN PARTICIPACIÓN

ARTÍCULO 663.- Por el contrato de cuentas en participación dos o más personas toman interés en una o más negociaciones determinadas que debe realizar una sola de ellas en su propio nombre, con la obligación de rendir cuenta a los participantes y dividir con ellos las ganancias o pérdidas en la proporción convenida.

Concordancias

Arts. 21, 25-27.

ARTÍCULO 664.- Este contrato no está sujeto a prueba escrita ni a registro. La cuenta en participación no constituye persona jurídica, por lo cual carece de nombre o razón social, patrimonio colectivo y domicilio propio. El uso de un nombre comercial común hará responder a todos los participantes en forma solidaria, de las obligaciones contraídas.

Concordancias

Arts. 21 y 410.

ARTÍCULO 665.- El gestor es el único que se considera dueño del negocio en las relaciones externas que produce la participación. Los terceros sólo tienen acción contra el gestor; los partícipes inactivos carecen de ella contra terceros.

ARTÍCULO 666.- El contrato de participación produce entre los partícipes los mismos derechos y obligaciones que confieren e imponen a los socios entre sí las sociedades colectivas, salvo las modificaciones que se deriven de su naturaleza jurídica.

Concordancias

Arts. 33 y siguientes.

LIBRO TERCERO

TÍTULO I

CAPÍTULO I
DISPOSICIONES GENERALES

(Así modificada la denominación de este Capítulo y reformado por el artículo 3 de la Ley No. 7201 de 10 de octubre de 1990)

ARTÍCULO 667.- El deudor que cumpliere con la prestación indicada en un título valor frente al poseedor legitimado en la forma prescrita por la ley, quedará liberado, aunque éste no sea titular del derecho. Esta liberación no se producirá si el deudor, por dolo o culpa grave, impidiere al verdadero titular el ejercicio oportuno de sus derechos contra el ilegítimo poseedor.

Concordancias

Arts. 669 bis, 687 y 705.

ARTÍCULO 668.- El deudor podrá oponer al poseedor del título solamente las excepciones personales que tenga directamente contra él. Podrá oponerle excepciones fundadas en relaciones personales con precedentes poseedores, sólo si al adquirir el título el poseedor hubiere actuado intencionalmente en daño del deudor mismo.

Concordancia

Art. 783.

ARTÍCULO 669.- Sólo son oponibles a cualquier poseedor del título las excepciones de forma, las que se fundan en el texto del documento, las que dependan de la falsedad de la propia firma del deudor o de defectos de capacidad o de representación al momento de la emisión, o de la falta de las condiciones necesarias para el ejercicio de la acción.

Concordancias

Arts. 670, 676, 679, 681, 682, y 705.
Art. 111.4. C.P.C.

ARTÍCULO 669 bis.- Quien haya adquirido por justo título, de buena fe y sin culpa grave, la posesión de un título valor, de conformidad con las normas que disciplinan su circulación, adquiere válidamente el derecho representado en el título, aunque el transmitente no sea el titular, y cualquiera que sea la forma en que el titular haya sido desposeído.

Se presumirá el justo título y la buena fe en toda compraventa de títulos valores realizada por medio de una bolsa de comercio legalmente autorizada, en lo cual será suficiente prueba la certificación emitida por la bolsa de comercio a solicitud del comprador, quien podrá hacer valer su derecho ante la autoridad correspondiente.

Concordancias

Arts. 697, 398 y siguientes.

ARTÍCULO 670.- Sin perjuicio de lo dispuesto para las diversas clases de títulos valores, tanto los autorizados por la ley, como los consagrados por los usos, deberán contener al menos los siguientes requisitos:

a) Nombre del título de que se trate.
b) Fecha y lugar de expedición.
c) Derechos que el título confiere.
ch) Lugar de cumplimiento o ejercicio de tales derechos.
d) Nombre y firma de quien lo expide.

Si no se mencionare el lugar de expedición o el cumplimiento o ejercicio de los derechos, se considerará como tal el domicilio del emisor.

La omisión de tales requisitos no afectará la validez del negocio jurídico que dio origen al documento. Cuando un título valor incompleto en el momento de su emisión se hubiere completado contrariamente a los acuerdos celebrados, la violación de estos acuerdos no podrá alegarse contra el tenedor, salvo que éste hubiere adquirido el título con mala fe, o que al adquirirlo hubiera incurrido en culpa grave.

Caduca el derecho de llenar el título después de un año de emitido.

Esta caducidad no es oponible al poseedor que haya adquirido el título de buena fe.

Concordancias

Arts. 134, 149, 329, 727, 800, y 803.

ARTÍCULO 671.- El título-valor que tuviere escrito su importe en palabras y también en cifras valdrá, en caso de diferencia, por la suma menor.

Concordancia

Art. 813.

ARTÍCULO 672.- Para ejercitar los derechos que consten en un título-valor, es indispensable exhibirlo. Al ser pagado, el tenedor que reciba el pago está obligado a entregar el título debidamente cancelado. Si el pago es tan solo parcial, debe anotarse en el propio documento en forma clara, con expresión del nombre de la persona que efectúe el pago y la fecha. Cuando se hayan hecho pagos parciales, al efectuarse el último se anotará también el nombre de la persona a quien se paga y la fecha.

Concordancias

Arts. 705 y 791.

ARTÍCULO 673.- La trasmisión del título-valor, salvo pacto en contrario, implica no sólo el traspaso de la obligación principal, sino también el de los intereses, dividendos y cualesquiera otras ventajas devengadas y no pagadas. Comprende, además, las garantías que lo respalden, sin necesidad de mención especial de éstas, así como de cualquier otro derecho accesorio.

Concordancias

Arts. 680 y 741.

ARTÍCULO 674.- La reivindicación, embargo, gravamen o cualquier otra afectación del derecho consignado en un título valor, o sobre las mercaderías por él representadas, no surtirán efecto si no se llevan a cabo sobre el título mismo.

Los títulos valores entregados en pago se presumen recibidos bajo la condición de salvo buen cobro.

Concordancias

Arts. 605, 684, y 533.

ARTÍCULO 675.- La incapacidad de alguno de los signatarios de un título-valor, el hecho de que en éste aparezcan firmas falsas o de personas imaginarias, o la circunstancia de que, por cualquier motivo el título no obligue a alguno de los signatarios o a las personas que aparezcan como tales, no invalidan ni afectan las obligaciones derivadas del título en contra de las demás personas que lo suscriben.

Concordancia

Art. 733.

ARTÍCULO 676.- En caso de alteración del texto de un título, los signatarios posteriores a ella se obligan según los términos del texto alterado, y los anteriores, conforme al texto original. Cuando no se pueda comprobar si una firma ha sido puesta antes o después de la alteración, se presumirá que lo fue antes.

Concordancias

Arts. 669 y 678.

ARTÍCULO 677.- Cuando alguno de los actos que haya de realizar obligatoriamente el tenedor de un título-valor deba efectuarse dentro de un plazo cuyo último día fuere inhábil, el término se entenderá prorrogado hasta el primer día hábil siguiente. Los días feriados intermedios se contarán en el plazo. Ni en los términos legales ni en los convencionales, salvo pacto en contrario, se comprenderá el día que le sirve de punto de partida.

Concordancias

Arts. 418, 422, 797 y 798.

ARTÍCULO 678.- El signatario de un título valor queda obligado frente al poseedor de buena fe, aunque el título haya entrado en circulación contra su voluntad.

ARTÍCULO 679.- Cuando el que deba suscribir un título valor no sepa o no pueda firmar, lo hará a su ruego otra persona ante notario público, quien dará fe del acto y autenticará la firma de ésta.

ARTÍCULO 680.- Los cupones de interés de los títulos valores serán considerados como obligaciones independientes de la principal, para efectos de su cobro.

Concordancias

Arts. 430 y 440 C.C.

ARTÍCULO 681.- El título valor puede estar firmado personalmente por el obligado o por su apoderado.

Quien emita, acepte, endose, avale o por cualquier otro concepto suscriba un título valor en nombre de otro sin poder suficiente o facultades legales para hacerlo, se obliga personalmente como si hubiera actuado en nombre propio, sin perjuicio de la responsabilidad penal que le cupiere; si hubiere pagado tendrá los mismos derechos que habría tenido la persona a quien pretendía representar. Lo mismo se entenderá del representante que hubiere excedido sus poderes.

Concordancias

Arts. 669 y 812.
Arts. 1251 y siguientes C.C.

ARTÍCULO 682.- La ratificación expresa o tácita de los actos a que se refiere el artículo anterior, por quien pueda legalmente autorizarlos, lo obliga en los mismos términos en que lo habría obligado el firmante si en realidad fuera su apoderado o representante. Es tácita la ratificación que resulte de actos que necesariamente impliquen la aceptación de lo hecho y de sus consecuencias; y es expresa cuando en el propio título-valor o en documento distinto se consigna, bajo la firma del interesado, tal reconocimiento.

ARTÍCULO 683.- La emisión o transmisión de un título valor no extinguirá la relación causal, salvo pacto expreso en contrario. La acción causal podrá ejercitarse restituyendo el título al demandado, y no procederá sino en el caso de que el actor haya realizado los actos necesarios para que el demandado pueda ejercitar las acciones que pudieren corresponderle en virtud del título.

ARTÍCULO 684.- Los títulos representativos de mercancías atribuyen a su poseedor legítimo el derecho exclusivo de disponer de las que en ellos se mencionen.

Concordancias

Arts. 329 y 332.

ARTÍCULO 685.- Los títulos de la deuda pública, acciones, obligaciones, bonos, cédulas hipotecarias u otros títulos valores regulados por este Código o por leyes especiales, se regirán por este título en lo no prescrito por esas leyes.

Concordancias

Arts. 106, 121 y 131.
Arts. 426 y siguientes C.C.

ARTÍCULO 686.- Salvo las normas relativas a la legitimación, las disposiciones de este título no son aplicables a los documentos que sólo sirven para identificar a quien tiene derecho a una prestación, o para permitir el traspaso del derecho sin la observancia de las formas propias de la cesión, pero con los efectos de ésta.

Concordancias

Arts. 78, 151, y 556.

CAPÍTULO II
DE LOS TÍTULOS NOMINATIVOS

ARTÍCULO 687.- Son títulos nominativos los expedidos a favor de persona determinada, cuyo nombre ha de consignarse tanto en el texto del documento como en el registro que deberá llevar al efecto el emisor.

Ningún acto u operación referente a esta clase de títulos surtirá efecto contra el emisor o contra terceros, si no se inscribe en el título y en el registro.

Son aplicables al registro del emisor, en lo pertinente, las normas de los artículos 261 y 262.

Concordancias

Arts. 261, 262, 120, 137, 140.

ARTÍCULO 688.- Los títulos nominativos son transmisibles por endoso nominativo e inscripción en el registro del emisor.

Concordancias

Arts. 120, 137, 140. 696, 696 y 698.
Art. 1104 C.C.

ARTÍCULO 689.- Cuando el propietario de un título nominativo lo perdiere, fuere ilegalmente desposeído de él, o el título se le hubiere dañado en forma tal que, si bien puede identificarse, no deba circular, puede solicitar al emisor que se lo reponga.

Si del registro no apareciere traspaso a terceros, ni anotación de embargo u otro gravamen, el emisor expedirá el duplicado a costa del solicitante, transcurrido un mes desde la última publicación de un aviso sobre el particular que ha de aparecer, por tres veces consecutivas, en el diario oficial La Gaceta y en uno de los diarios de circulación nacional, siempre y cuando no se le haya comunicado demanda alguna de oposición.

Igual trámite al señalado por el artículo 710 se seguirá en el caso de negativa injustificada del emisor, de emitir el nuevo título una vez vencido el plazo indicado.

La oposición, en su caso, se ventilará por el trámite de los incidentes.

No podrá ordenarse judicialmente al emisor la suspensión de pago de un título valor, si no es con fundamento en un incidente en que se discuta la propiedad de dicho título.

Concordancias

Arts. 137, 261 y 710.
Arts. 113 y 114 C.P.C.

ARTÍCULO 690.- Con la emisión del duplicado se extinguirá el título repuesto, pero ello no prejuzga las acciones que el poseedor pueda tener contra quien haya obtenido la reposición.

ARTÍCULO 691.- DEROGADO.

(Derogado por el artículo 9 de la Ley No. 7201 del 10 de octubre de 1990)

ARTÍCULO 692.- DEROGADO.

(Derogado por el artículo 9 de la Ley No. 7201 del 10 de octubre de 1990)

CAPÍTULO III
DE LOS TÍTULOS A LA ORDEN

ARTÍCULO 693.- Son títulos a la orden aquéllos que se expiden a favor de una persona, o a su orden. En las letras de cambio y en los cheques, se presume la cláusula a la orden.

ARTÍCULO 694.- Los títulos a la orden serán transmisibles por endoso.

Concordancias

Art. 805.
Art. 1104 C.C.

ARTÍCULO 695.- El endoso debe constar en el título o en hoja adherida a él de manera fija.

ARTÍCULO 696.- El endoso puede hacerse en blanco, con la sola firma del endosante. Cualquier tenedor puede llenar, con su nombre o con el de un tercero, el endoso en blanco o transmitir el título sin llenar el endoso. El endoso al portador surte los mismos efectos del endoso en blanco.

Concordancias

Art. 741.
Art. 431 C.C.

ARTÍCULO 697.- DEROGADO.

(Derogado por el artículo 9 de la Ley No. 7201 del 10 de octubre de 1990)

ARTÍCULO 698.- El endoso traslativo de dominio debe ser puro y simple. Toda condición a la cual se subordine, se tendrá por no escrita. Es prohibido el endoso parcial.

ARTÍCULO 699.- Salvo disposición legal o cláusula en contrario, el endosante no garantiza el pago pero responde de la autenticidad de las firmas y de que él tiene derecho a endosar.

Concordancias

Arts. 493, 742, 802 a), y 807.
Art. 430 C.C.

ARTÍCULO 700.- El endoso para el cobro conferirá al endosatario todos los derechos inherentes al título, pero no podrá endosarlos, salvo para el cobro judicial.

El endoso para el cobro judicial sólo podrá hacerse a favor de un abogado.

El emisor podrá oponer al endosatario, para el cobro, sólo las excepciones oponibles al endosante.

La eficacia del endoso para el cobro no cesará por la muerte del endosante, ni porque sobrevenga su incapacidad.

El endoso en garantía conferirá al endosante los mismos derechos del endoso para el cobro.

El emisor no podrá oponer al endosatario, en garantía, las excepciones fundadas en sus relaciones personales con el endosante, a menos que el endosatario, al recibir el título, haya actuado con intención de dañar al emisor.

Concordancias

Arts. 139 bis, y 533 i).
Arts. 19 y siguientes, y 111.4 C.P.C.

ARTÍCULO 701.- Todos aquellos endosos que no trasmiten la propiedad, autorizan al endosatario para cobrar y para llevar a cabo todas las diligencias necesarias para conservar los derechos inherentes al título, pero no los autoriza para endosar ni en ninguna otra forma gravar o traspasar el documento.

Concordancia

Arts. 1264 C.C.

ARTÍCULO 702.- DEROGADO.

(Derogado por el artículo 9 de la Ley No. 7201 del 10 de octubre de 1990)

ARTÍCULO 703.- La adquisición de un título a la orden por un medio distinto del endoso, producirá los efectos de la cesión.

Concordancias

Arts. 438 c) y 490 y siguientes.

ARTÍCULO 704.- El endoso posterior al vencimiento del título surte los mismos efectos de cesión ordinaria.

Concordancias

Arts. 490 y siguientes, y 741.
Arts. 1104 y siguientes C.C.

ARTÍCULO 705.- El que paga una obligación constante en un título a la orden, no está obligado a cerciorarse de la autenticidad de los endosos, ni tiene facultad de exigir que ésta se le compruebe; pero sí debe verificar la identidad de la persona que presenta el título como último tenedor, y la relación de continuidad de los endosos.

Concordancias

Arts. 667 y 765.

ARTÍCULO 706.- Las expresiones "valor entendido", "valor recibido", "valor a cobrar" y otros similares que puede el endosante consignar en el endoso, no tienen valor ni consecuencia alguna legal respecto de terceros, y solamente sirven para establecer, junto con las demás pruebas del caso, la relación entre endosante y endosatario.

ARTÍCULO 707.- DEROGADO.

(Derogado por el artículo 9 de la Ley No. 7201 del 10 de octubre de 1990)

ARTÍCULO 708.- El tenedor de un título a la orden que sea desposeído del mismo por extravío, pérdida, robo, hurto o cualquier otro motivo, puede solicitar del emitente que le reponga el título, en los mismos términos en que había sido escrito el original. Los endosantes, fiadores y demás obligados en el documento, están obligados también a reponer sus firmas en el orden en que figuraban en el original. Si la obligación estuviere garantizada con hipoteca o prenda, también se hará constar esa circunstancia en el nuevo título que se emita.

Concordancias

Arts. 684 y 685.
Arts. 426 y siguientes C.C.

ARTÍCULO 709.- La reposición de que habla el artículo anterior no podrá exigirse en tanto el interesado no asegure a los firmantes, mediante garantía satisfactoria, que el documento cuya reposición se pide no aparecerá por todo el término de la prescripción en manos de un tercero de buena fe. Una vez rendida la garantía y transcurrido el término de quince días, desde la última publicación de un aviso sobre el particular que ha de aparecer por tres veces consecutivas en el diario oficial La Gaceta y en uno de los periódicos de circulación nacional, se emitirá el duplicado, en el cual se repondrán todas las firmas que figuraban en el original.

Concordancias

Arts. 708, 795, 802 g), y 984.

ARTÍCULO 710.- Si el emisor o algún otro obligado se negare a reponer el título o negaren su condición de tales, o no hubiere acuerdo sobre la suficiencia o liquidez de la garantía ofrecida por el interesado, la cuestión se ventilará por el trámite de los incidentes, y la publicación de que habla el artículo anterior la ordenará hacer el juez.

Firme la sentencia que ordena la reposición y pasado el plazo concedido al obligado para que cumpla, sin que lo haya verificado, el juez procederá a emitir el título o a firmarlo a nombre del omiso. Con la emisión del duplicado se extinguirá el título repuesto, pero ello no prejuzga las acciones que el poseedor pueda tener contra quien haya obtenido la reposición. El mismo trámite de los incidentes se seguirá en caso de oposición.

Concordancias

Arts. 113 y 114 C.P.C.

ARTÍCULO 711.- DEROGADO.

(Derogado por el artículo 9 de la Ley No. 7201 del 10 de octubre de 1990)

CAPÍTULO IV
DE LOS TÍTULOS AL PORTADOR

ARTÍCULO 712.- Son títulos al portador los que, no expedidos a favor de persona determinada, se trasmiten por simple tradición, contengan o no la cláusula "al portador".

ARTÍCULO 713.- DEROGADO.

(Derogado por el artículo 9 de la Ley No. 7201 del 10 de octubre de 1990)

ARTÍCULO 714.- DEROGADO.

(Derogado por el artículo 9 de la Ley No. 7201 del 10 de octubre de 1990)

ARTÍCULO 715.- DEROGADO.

(Derogado por el artículo 9 de la Ley No. 7201 del 10 de octubre de 1990)

ARTÍCULO 716.- DEROGADO.

(Derogado por el artículo 9 de la Ley No. 7201 del 10 de octubre de 1990)

ARTÍCULO 717.- DEROGADO.

(Derogado por el artículo 9 de la Ley No. 7201 del 10 de octubre de 1990)

ARTÍCULO 718.- DEROGADO.

(Derogado por el artículo 9 de la Ley No. 7201 del 10 de octubre de 1990)

ARTÍCULO 719.- Los títulos al portador no serán reponibles. En los supuestos del artículo 708 el tenedor podrá notificar, judicial o notarialmente, al emisor, la pérdida o disposición sufrida. Transcurrido el término de la prescripción de los derechos que el título confiere, sean principales o accesorios, si no se hubiere presentado a cobrarlos un poseedor de buena fe, el obligado deberá pagar al denunciante.

Concordancia

Art. 976.

ARTÍCULO 720.- DEROGADO.

(Derogado por el artículo 9 de la Ley No. 7201 de 10 de octubre de 1990)

ARTÍCULO 721.- El poseedor de un título deteriorado, que ya no sea idóneo para la circulación, pero que sea todavía seguramente identificable, tendrá derecho de obtener del emisor un título equivalente, mediante la restitución del primero y el reembolso de los gastos de emisión. En caso de negativa del emisor se procederá conforme con lo dispuesto en el artículo 710.

ARTÍCULO 722.- DEROGADO.

(Derogado por el artículo 9 de la Ley No. 7201 de 10 de octubre de 1990)

ARTÍCULO 723.- DEROGADO.

(Derogado por el artículo 9 de la Ley No. 7201 de 10 de octubre de 1990)

ARTÍCULO 724.- DEROGADO.

(Derogado por el artículo 9 de la Ley No. 7201 de 10 de octubre de 1990)

ARTÍCULO 725.- DEROGADO.

(Derogado por el artículo 9 de la Ley No. 7201 de 10 de octubre de 1990)

ARTÍCULO 726.- DEROGADO.

(Derogado por el artículo 9 de la Ley No. 7201 de 10 de octubre de 1990)

TÍTULO II

CAPÍTULO I

SECCIÓN I
DE LA LETRA DE CAMBIO

ARTÍCULO 727.- La letra de cambio deberá contener:

a) La denominación de letra de cambio inserta en su texto y expresado en la lengua en que la letra esté redactada;

b) El mandato puro y simple de pagar determinada cantidad;

c) El nombre de la persona que ha de pagar (librado);

d) Indicación del vencimiento;

e) Indicación del lugar en que se ha de efectuar el pago;

f) El nombre de la persona a quien se ha de hacer el pago o a cuya orden se ha de efectuar;

g) Indicación de la fecha y lugar en que la letra se libra; y

h) La persona que emite la letra (librador)

Concordancias

Arts. 730, 731, 497, 758, 728, 671, 693, 729, 670 d), 728, 800 y 803.
Arts. 49 y siguientes C.C.
Art. 111.2.7. C.P.C.

ARTÍCULO 728.- El documento que carezca de alguno de los requisitos que se indican en el artículo precedente no valdrá como letra de cambio, salvo en los casos comprendidos en éste.

La letra de cambio cuyo vencimiento no esté indicado, se considerará pagadera a la vista.

A falta de indicación especial, el lugar designado junto al nombre del librado se considerará como domicilio de éste y como lugar del pago.

La letra de cambio que no indique el lugar de su emisión, se considerará librada en el lugar designado junto al nombre del librador.

Concordancias

Arts. 727 d), e) y g), 758 a), 801, y 804.
Art. 111.2.7. C.P.C.

ARTÍCULO 729.- La letra de cambio podrá girarse a la orden del propio librador, contra el propio librador, o por cuenta de un tercero.

Concordancia

Art. 727 c), f) y h).

ARTÍCULO 730.- La letra de cambio podrá ser pagadera en el domicilio de un tercero, ya sea en la localidad en que el librado tiene su domicilio o fuera de ella.

Concordancias

Arts. 727 e) y 752.

ARTÍCULO 731.- El librador de una letra de cambio podrá estipular el pago de intereses sobre su monto.

El tipo de interés deberá indicarse en la letra misma; de lo contrario, la cláusula correspondiente no tendrá valor alguno.

Los intereses correrán a partir de la fecha en que la letra fue emitida, salvo que se indique otra fecha.

Concordancias

Arts. 497-499, 727 b), 788 b), 789 b), y 802.

ARTÍCULO 732.- DEROGADO.

(Derogado por el artículo 9 de la Ley No. 7201 de 10 de octubre de 1990)

ARTÍCULO 733.- Si una letra de cambio lleva firmas de personas incapaces de obligarse por letra de cambio, o firmas falsas, o de personas imaginarias, o firmas que por cualquier otra razón no puedan obligar a las personas que hayan firmado la letra de cambio o con cuyo nombre aparezca firmada, las obligaciones de cualesquiera otros firmantes no dejarán por eso de ser válidas.

Concordancia

Art. 675

ARTÍCULO 734.- DEROGADO.

(Derogado por el artículo 9 de la Ley No. 7201 de 10 de octubre de 1990)

ARTÍCULO 735.- DEROGADO.

(Derogado por el artículo 9 de la Ley No. 7201 de 10 de octubre de 1990)

ARTÍCULO 736.- DEROGADO.

(Derogado por el artículo 9 de la Ley No. 7201 de 10 de octubre de 1990)

SECCIÓN II
DE LAS ALTERACIONES

ARTÍCULO 737.- DEROGADO.

(Derogado por el artículo 9 de la Ley No. 7201 de 10 de octubre de 1990)

SECCIÓN III
DEL ENDOSO

ARTÍCULO 738.- La letra de cambio, aunque no esté expresamente librada a la orden, será trasmisible por endoso.

Cuando el librador haya escrito en la letra de cambio las palabras "no a la orden", o una expresión equivalente, el título no será trasmisible sino en la forma y con los efectos de una cesión ordinaria.

El endoso podrá hacerse inclusive en favor del librado, haya aceptado o no, del librador o de cualquiera otra persona obligada. Todas estas personas podrán endosar la letra de nuevo.

Concordancias

Arts. 490 y siguientes, 673, 693, 695, 698, 741 y 745.

ARTÍCULO 739.- DEROGADO.

(Derogado por el artículo 9 de la Ley No. 7201 de 10 de octubre de 1990)

ARTÍCULO 740.- DEROGADO.

(Derogado por el artículo 9 de la Ley No. 7201 de 10 de octubre de 1990)

ARTÍCULO 741.- El endoso trasmite todos los derechos resultantes de la letra de cambio.

Cuando el endoso sea en blanco, el tenedor podrá:

a) Llenar en blanco, sea con su nombre o con el de otra persona;

b) Endosar nuevamente la letra en blanco o a otra persona; y

c) Entregar la letra a un tercero, sin llenar el blanco y sin endosarla.

Concordancias

Arts. 696 y 698.

ARTÍCULO 742.- Salvo cláusula en contrario, el endosante garantiza la aceptación y el pago.

El endosante podrá prohibir un nuevo endoso y, en este caso, no responderá frente a las personas a quienes ulteriormente se endosare la letra.

Concordancias

Arts. 699 y 787.
Art. 111.4. C.P.C.

ARTÍCULO 743.- DEROGADO.

(Derogado por el artículo 9 de la Ley No. 7201 de 10 de octubre de 1990)

ARTÍCULO 744.- DEROGADO.

(Derogado por el artículo 9 de la Ley No. 7201 de 10 de octubre de 1990)

ARTÍCULO 745.- El endoso posterior al protesto por falta de pago o hecho después de terminado el plazo para hacerlo, no producirá otros efectos que los de una cesión ordinaria.

Salvo prueba en contrario, el endoso sin fecha se presumirá hecho antes de terminar el plazo fijado para hacer el protesto.

Concordancias

Arts. 490 y siguientes, 704 y 776.
Arts. 1104 y siguientes C.C.

SECCIÓN IV
DE LA ACEPTACIÓN

ARTÍCULO 746.- Mientras la letra de cambio no haya vencido, el tenedor o un simple portador podrá presentarla para su aceptación por parte del librado, en el domicilio de éste.

Concordancias

Arts. 748, 768-770.

ARTÍCULO 747.- El librador podrá estipular que la letra haya de presentarse para su aceptación fijando o no plazo para hacerlo.

También podrá prohibir, consignándolo en la letra misma, que sea presentada para su aceptación, salvo que se trate de una letra de cambio pagadera en el domicilio de un tercero, o de una letra pagadera en localidad distinta de la del domicilio del librado, o de una letra girada a plazo cierto.

Podrá asimismo estipular que la presentación de la letra para su aceptación no haya de efectuarse antes de determinada fecha.

Cualquier endosante podrá estipular que la letra debe presentarse para su aceptación fijando para ello un plazo, o sin fijarlo, salvo cuando el librador la haya declarado no sujeta a aceptación.

Concordancias

Arts. 730, 758 b) y c), 759, 776, y 793.

ARTÍCULO 748.- Las letras de cambio a plazo cierto desde la vista deberán presentarse para su aceptación en el término de un año a partir de su fecha. El librador podrá variar este plazo y el endosante acortarlo.

Concordancias

Arts. 750, 758 b), 760, y 794.

ARTÍCULO 749.- El librado podrá pedir que se le presente por segunda vez una letra el día siguiente de la primera presentación. Los interesados no podrán alegar que tal petición no ha sido atendida, a no ser que así se haga constar en el protesto.

El portador no estará obligado a entregar al librado la letra presentada para su aceptación.

Concordancia

Art. 776.

ARTÍCULO 750.- La aceptación se escribirá en la letra de cambio. Se expresará mediante la palabra "acepto" o cualquier otra equivalente, e irá firmada por el librado. La simple firma de éste puesta en el anverso de la letra equivale a la aceptación.

Cuando la letra sea pagadera a plazo cierto desde la vista, o cuando deba presentarse para su aceptación en un plazo fijado por estipulación especial, la aceptación deberá llevar la fecha del día en que se haya dado, salvo que el portador exija que se ponga la fecha en que fue presentada. A falta de fecha, el portador, para conservar sus derechos a recurrir contra los endosantes y contra el librador, hará constar la omisión mediante un protesto, levantado en tiempo hábil.

Concordancias

Arts. 746-748, 758 b), 769, 777-780, y 793.

ARTÍCULO 751.- La aceptación será pura y simple, pero el librado podrá limitarla a una parte de la cantidad.

Cualquiera otra modificación introducida por la aceptación en el texto de la letra de cambio, equivaldrá a una negativa de aceptación. Esto no obstante, el aceptante quedará obligado con arreglo a los términos de su aceptación.

Concordancia

Art. 683

ARTÍCULO 752.- Cuando el librador hubiere indicado en la letra de cambio un lugar de pago distinto al domicilio del librado, sin designar a un tercero en cuya casa haya de hacerse el pago, el librado podrá indicar el nombre de ese tercero así en el momento de la aceptación. A falta de semejante indicación, se entenderá que el aceptante se ha obligado a pagar por sí mismo en el lugar del pago.

Cuando la letra sea pagadera en el domicilio del librado, éste podrá indicar en la aceptación el sitio donde pagarse, siempre que sea en la misma localidad.

Concordancia

Art. 730.

ARTÍCULO 753.- Por el hecho de la aceptación, el librado se obliga a pagar la letra de cambio a su vencimiento.

A falta de pago, el portador, aunque sea el propio librador, tendrá contra el aceptante una acción directa derivada de la letra de cambio para todo aquello que pueda exigir con arreglo a los artículos 791 y 792.

Concordancias

Arts. 729, 766 a), 787, 791 y 792.

ARTÍCULO 754.- Cuando el librado que hubiere puesto en la letra de cambio su aceptación, la tachare antes de devolver la letra, se considerará que ha negado la aceptación. Salvo prueba en contrario, la tachadura se considerará hecha antes de la devolución del título.

No obstante, si el librado hubiere notificado su aceptación por escrito al tenedor o a un firmante cualquiera, quedará obligado respecto de éstos con arreglo a los términos notificados.

SECCIÓN V
DEL AVAL

ARTÍCULO 755.- El pago total o parcial de una letra de cambio podrá garantizarse mediante un aval. Esta garantía puede prestarla un firmante de la letra o un tercero.

Concordancia

Art. 312 a).

ARTÍCULO 756.- El aval se hará constar en la letra de cambio o en un suplemento. Se expresará mediante las palabras "por aval" u otra fórmula equivalente, e irá firmado por el avalista.

La simple firma de una persona, que no sea el librado, el librador o un tenedor, puesta en el anverso de la letra de cambio, vale como aval.

El aval deberá indicar por cuenta de quién se ha dado. A falta de esta indicación, se entenderá dado en favor del librador.

Concordancias

Arts. 695 y 802.

ARTÍCULO 757.- El avalista responderá de igual manera que aquél a quien garantiza. Su compromiso será válido, aunque la obligación garantizada fuese nula por cualquier causa que no sea la de vicio de forma.

Cuando el avalista pagare la letra de cambio adquirirá los derechos derivados de ella contra la persona garantizada y contra los que sean responsables respecto de esta última por virtud de la letra de cambio.

Concordancias

Art. 512 y 790 inciso 3)
Art. 791 C.C.

SECCIÓN VI
DEL VENCIMIENTO DE LA LETRA DE CAMBIO

ARTÍCULO 758.- La letra de cambio podrá librarse:

a) A la vista;

b) A plazo cierto desde la vista;

c) A plazo cierto desde su fecha; y

d) A fecha fija.

Las letras de cambio que indiquen otros vencimientos, o vencimientos sucesivos, serán nulas.

Concordancias

Arts. 759, 793, 420, 727 d), 728, y 807 b).

ARTÍCULO 759.- La letra de cambio a la vista será pagadera a su presentación. Deberá presentarse para su pago dentro de un año contado desde la fecha de emisión. El librador podrá variar este plazo y el endosante acortarlo.

El librador podrá disponer que una letra de cambio pagadera a la vista no se presente al pago antes de determinado día.

Concordancia

Arts. 758 a).

ARTÍCULO 760.- El vencimiento de una letra de cambio a plazo cierto desde la vista, se determina por la fecha de la aceptación o por la del protesto.

A falta de protesto, toda aceptación que no lleve fecha se considerará dada, respecto del aceptante, el último día del plazo señalado para la presentación de la misma para su aceptación.

Concordancias

Arts. 746, 748, 749, 750, 765, y 794.

ARTÍCULO 761.- La letra de cambio librada a uno o varios meses a partir de la fecha o de la vista, vence en la fecha igual de mes en que el pago deba efectuarse. A falta de ésta, el vencimiento tendrá lugar el último día de dicho mes.

Cuando la letra de cambio esté librada a uno o varios meses y medio a contar de su fecha o de la vista, se contarán primeramente los meses enteros.

Las expresiones "ocho días" o "quince días" equivaldrán a un plazo de ocho o de quince días efectivos y no de una o dos semanas.

La expresión "medio mes" indicará un plazo de quince días.

Concordancias

Arts. 417, 422, 677, 797 y 798.

SECCIÓN VII
DEL PAGO

ARTÍCULO 762.- El tenedor de una letra de cambio pagadera en día fijo, o a plazo cierto desde su fecha, o desde la vista, deberá presentar la letra para su pago, en el día fijado.

La inobservancia de esta obligación no podrá dar lugar más que a daños y perjuicios.

Concordancias

Arts. 759, y 771 y siguientes.

ARTÍCULO 763.- El librado podrá exigir, al pagar la letra de cambio, que ésta le sea entregada con el "recibí" del portador.

Cuando hubiere endosantes u otros obligados, el portador no podrá rechazar un pago parcial.

En caso de pago parcial, el librado podrá exigir que este pago se haga constar en la letra y que se le dé recibo del mismo.

ARTÍCULO 764.- El portador de una letra de cambio no podrá ser obligado a recibir su pago antes del vencimiento.

El librado que pagare antes del vencimiento, lo hará por su cuenta y riesgo.

El que pagare al vencimiento quedará válidamente liberado, a no ser que hubiere por su parte dolo o culpa grave. Estará obligado a comprobar la regularidad de la serie de los endosos, pero no la firma de los endosantes.

Concordancias

Arts. 667 y 705.

ARTÍCULO 765.- A falta de presentación para su pago de la letra de cambio en el plazo fijado por el artículo 760, cualquier deudor podrá depositar el importe en la autoridad competente, por cuenta y riesgo del tenedor.

Concordancias

Arts. 797 y siguientes C.C.

ARTÍCULO 766.- El tenedor podrá ejercitar su acción al vencimiento de la letra de cambio contra los endosantes, el librador y las demás personas obligadas cuando el pago no se haya efectuado; y antes del vencimiento en los siguientes casos:

a) Cuando hubiere negativa de aceptación total o parcial;

b) En los casos de apertura de la fase liquidatoria del concurso del librado, aceptante o no, o del embargo de sus bienes con resultado negativo; y

(Así reformado por el artículo 74.3 de la Ley No. 9957)

c) En los casos de apertura de la fase liquidatoria del concurso del librador de una letra no sometida a aceptación.

(Así reformado por el artículo 74.3 de la Ley No. 9957)

Cuando el tenedor, en los casos de los incisos b) y c), ejercitare su acción contra los endosantes y demás personas obligadas, éstas podrán obtener para el pago un plazo que por ningún concepto excederá del vencimiento de la letra.

Concordancias

Arts. 747, 751, 753, y 754.
Arts. 110 y 111 C.P.C.

SECCIÓN VIII
DE LA INTERVENCIÓN

ARTÍCULO 767.- El librador, endosante o avalista podrá indicar una persona para que acepte o pague en caso necesario. El que interviniere por un deudor contra el que pueda ejercitarse una acción cambiaria, podrá aceptar o pagar la letra de cambio en las condiciones que más adelante se señalan.

Cualquier tercero, el librado mismo o una persona ya obligada en virtud de la letra de cambio, con excepción del aceptante, podrá aceptar o pagar por intervención. En el término de dos días hábiles, el que intervenga está obligado a notificar su intervención a aquél en cuyo favor se efectúe. Si no notifica dentro de ese plazo, será responsable de los perjuicios causados por su negligencia, sin que tales perjuicios puedan exceder del importe de la letra de cambio.

SECCIÓN IX
ACEPTACIÓN POR INTERVENCIÓN

ARTÍCULO 768.- Puede aceptarse por intervención en todos aquellos casos en que pueda ejercitarse una acción antes del vencimiento a favor del tenedor de una letra de cambio susceptible de aceptación.

Cuando se haya indicado en la letra de cambio a una persona para que la acepte, o la pague en caso necesario, en el lugar del pago, el tenedor no podrá ejercer antes del vencimiento su derecho a recurrir contra el que hubiere puesto la indicación, ni contra los firmantes subsiguientes, a no ser que haya presentado la letra de cambio a la persona designada y que, habiéndose ésta negado a aceptar la letra o a pagarla, se haga constar la negativa en un protesto. En los demás casos de intervención, el tenedor podrá rechazar la aceptación por intervención, pero si la admitiere, perderá las acciones que le corresponderían antes del vencimiento contra aquél en cuyo nombre se haya dado la aceptación y contra los firmantes subsiguientes.

ARTÍCULO 769.- La aceptación por intervención se hará constar en la letra de cambio e irá firmada por el que intervenga. En ella se indicará por cuenta de quién se efectúa, y a falta de esta indicación, se entenderá que la aceptación ha sido dada a favor del librador.

Concordancia

Art. 750.

ARTÍCULO 770.- El aceptante por intervención responderá ante el tenedor y ante los endosantes posteriores a aquél por cuenta de quien hubiere intervenido, en igual forma que éste.

A pesar de la aceptación por intervención, la persona en cuyo favor se hubiere hecho y las que garanticen a ésta, podrán exigir del tenedor, mediante el reembolso de la cantidad indicada en el artículo 782, la entrega de la letra de cambio, del protesto y de una cuenta con el recibo, si hubiere lugar.

Concordancias

Arts. 753, 782 y 787.

SECCIÓN X
DEL PAGO POR INTERVENCIÓN

ARTÍCULO 771.- El pago por intervención podrá hacerse en los casos en que el portador tenga derecho a ejercitar sus acciones, haya o no vencido la letra. El pago deberá comprender la cantidad total que hubiere debido satisfacer aquél por quien se interviene. Deberá hacerse a más tardar al día siguiente de vencido el plazo para el protesto por falta de pago.

Concordancias

Arts. 762 y siguientes, y 776.
Art. 765 C.C.

ARTÍCULO 772.- Si la letra de cambio hubiere sido aceptada por intervención de persona que tenga su domicilio en el lugar del pago, o si se hubiere indicado para pagar, en caso de necesidad, a personas que tengan su domicilio en el mismo lugar, el tenedor deberá presentar la letra a todas ellas y mandar levantar, si cupiere, un protesto por falta de pago al día siguiente de vencido el plazo para el protesto.

Si el protesto no se hace, tanto aquél que hubiere indicado un pagador para el caso de necesidad o como aquél por cuya cuenta se hubiere aceptado la letra, dejarán de estar obligados, lo mismo que los endosantes posteriores.

ARTÍCULO 773.- El tenedor que rechazare el pago por intervención perderá sus acciones contra los que, de recibirlo, habrían quedado liberados.

ARTÍCULO 774.- El pago por intervención deberá hacerse constar en la letra con indicación de la persona en cuyo favor se haya efectuado. A falta de esta indicación, se considerará que el pago se ha hecho a favor del librador. La letra de cambio y el protesto, si lo hubiere, deberán entregarse al que pagare por intervención.

ARTÍCULO 775.- El pagador por intervención adquirirá los derechos que resulten de la letra de cambio contra la persona por quien hubiere pagado y contra los responsables frente a esta última, en virtud de la letra de cambio. El interventor que pague, no podrá endosar la letra de nuevo.

Los endosantes posteriores al obligado por quien se hace el pago, quedarán liberados.

En caso de varios ofrecimientos para el pago por intervención, se dará preferencia al que tenga por consecuencia la liberación de un mayor número de interesados. El que, infringiendo a sabiendas esta regla, pagare por intervención, perderá su acción contra las personas que de otro modo habrían quedado liberadas.

Concordancias

Arts. 786, 791 y 793 C.C.

SECCIÓN XI
DEL PROTESTO

ARTÍCULO 776.- La negativa de aceptación o de pago deberá hacerse constar por acta notarial (protesto por falta de aceptación o por falta de pago)

Si no hubiere notario en el domicilio señalado para la aceptación o para el pago, levantará el acta cualquier autoridad administrativa, y a falta de ésta, lo harán dos personas del lugar, debiendo protocolizarse esa acta dentro de los ocho días naturales siguientes por un notario, que interrogará acerca del contenido del acta consignando lo que el girado haya contestado.

El protesto por falta de aceptación deberá hacerse dentro del plazo fijado para la presentación a ese fin. Si en el caso previsto en el párrafo primero del artículo

749 la primera presentación hubiera tenido lugar el último día del plazo, el protesto podrá levantarse al día siguiente.

El protesto por falta de pago de una letra de cambio pagadera a fecha fija, o a plazo cierto, desde su fecha, o desde la vista, deberá hacerse dentro de los ocho días siguientes a aquél en que la letra de cambio sea pagadera. Si se tratare de una letra pagadera a la vista, el protesto deberá extenderse en las condiciones indicadas en el párrafo precedente para el protesto por falta de aceptación.

El protesto por falta de aceptación no eximirá de la presentación al pago y del protesto por falta de pago.

El portador no podrá ejercitar sus acciones en el caso de suspensión de pagos por parte del librado, aceptante o no, aunque esté apenas solicitada, ni cuando resultare infructuoso el embargo de bienes, sino después de haber presentado la letra al librado para su pago y previa la formalización del protesto.

En caso de apertura de la fase de liquidación concursal del librado, haya este aceptado o no la letra, así como en el caso de declarada la liquidación concursal del librador de una letra no sujeta a aceptación, la presentación de la resolución judicial correspondiente bastará para que el portador pueda ejercitar sus acciones.

(Así reformado por el artículo 74.3 de la Ley No. 9957)

Concordancias

Arts. 749, 746, 748, 750, 766 b) y c), y 786.
Art. 111.2.7. C.P.C.

ARTÍCULO 777.- Para que el acto del protesto sea válido, deberá reunir los requisitos siguientes:

a) Ha de practicarse en el plazo indicado en el artículo 776;

b) Han de entenderse las diligencias con la persona cuyo cargo esté girada la letra, y no encontrándosele, con su mandatario o dependiente. En el caso de no encontrar a ninguna de estas personas, se entenderán las diligencias con cualquiera de los que se hallen en el domicilio donde deba practicarse, y si éste no quisiere firmar, o se negare a dar su nombre o su relación con el requerido, se hará constar así. Si no fuera habida ninguna persona, se hará constar así en el acta, bajo la responsabilidad del notario, y se tendrá por válido y formalizado el protesto;

c) Han de practicarse las diligencias del protesto en el domicilio designado en la letra; en su defecto, en el que tenga actualmente el pagador, y a falta de ambos, en el último que se le hubiere conocido; y

d) Ha de realizarse entre las ocho y las diecisiete horas. Fuera de estas horas, podrá realizarse sólo cuando lo consintiere expresamente aquél contra quien se levanta.

Concordancias

Arts. 776 y 797.

ARTÍCULO 778.- El que levante un acta de protesto deberá sujetarse a las prescripciones siguientes:

a) Copiar literalmente la letra de cambio con todas las declaraciones que contenga en su texto o en las hojas anexas;

b) Hacer constar el requerimiento hecho a la persona con quien se entiendan las diligencias;

c) Reproducir la contestación dada al requerimiento;

d) Expresar en la misma forma la conminación de pagar los gastos y perjuicios hechos a la persona que hubiere dado lugar a ellos;

e) Hacer firmar a la persona con quien se haga el protesto y si no supiere, no pudiere o no quisiere, hacerlo constar; y

f) Expresar la fecha y hora en que se ha practicado el protesto.

Todas las diligencias de protesto de una letra se consignarán en el mismo documento, que se extenderá sucesivamente según el orden en que se practiquen.

Concordancias

Arts. 782, 786, 788 a), 789 a) y c), y 792.

ARTÍCULO 779.- Los errores, omisiones u otros defectos del acta de protesto podrán ser subsanados por el notario que la hubiere redactado, en la misma forma que los defectos de cualquier otra escritura.

ARTÍCULO 780.- Los notarios que intervengan en el protesto serán responsables de los daños y perjuicios que se originen por el incumplimiento de las anteriores disposiciones.

ARTÍCULO 781.- Sea cual fuere la hora en que se levante el protesto, los funcionarios que lo verifiquen retendrán en su poder las letras, sin devolverlas ni realizar el testimonio del protesto al portador, hasta las diecisiete horas del día en que se hubiere hecho; si el protesto fuere por falta de pago y el pagador se presentare entre tanto a satisfacer el importe de la letra y los gastos del protesto, el notario lo admitirá, haciéndole entrega de la letra debidamente cancelada, lo mismo que la cuenta y gastos del protesto.

ARTÍCULO 782.- El protesto por falta de aceptación o de pago impone a la persona que hubiere dado lugar al mismo, la obligación de pagar los gastos más los daños y perjuicios.

Concordancia

Art. 770.

ARTÍCULO 783.- El protesto, juntamente con la letra, formarán el título ejecutivo contra cualquiera de los obligados en ella. Contra esa acción ejecutiva no cabrán más excepciones que las de carácter personal que el ejecutado tenga con el actor, la de prescripción, las de vicios propios de la letra que la hagan nula y las indicadas en el artículo 744. Cuando la ejecución se dirija contra el aceptante, no hará falta presentar el protesto y el tribunal despachará embargo y ejecución, si así se pide, con vista de la letra.

Concordancias

Arts. 744, 668, 669, y 787.
Arts. 77 y siguientes, 110 y 111 C.P.C.

ARTÍCULO 784.- Del documento del protesto se dará copia autorizada al portador de la letra y se le devolverá la letra original.

ARTÍCULO 785.- El portador deberá dar aviso de la falta de aceptación o de pago a su endosante y al librador, dentro de los cuatro días hábiles siguientes a la fecha del protesto, o si hubiere cláusula de devolución sin gastos, a la de presentación; dentro de los dos días hábiles siguientes a la fecha en que el endosante haya recibido el aviso, deberá comunicarlo a su vez a su endosante, indicándole los nombres y direcciones de aquéllos que hubieren dado los avisos precedentes, y así sucesivamente hasta llegar al librador. Los plazos antes mencionados correrán desde el momento en que se reciba el aviso precedente.

Cuando, de conformidad con el párrafo anterior, se dé aviso a algún firmante de la letra de cambio, deberá darse igual aviso, y en el mismo plazo, a su avalista.

En el caso de que un endosante no hubiere indicado su dirección, o la hubiere indicado de manera ilegible, bastará que el aviso se dé al endosante anterior a él.

El que tuviere que dar aviso podrá hacerlo en cualquier forma, incluso por la simple devolución de la letra de cambio, pero deberá probar que ha dado el aviso dentro del término señalado. Se considerará que se ha observado este plazo cuando la carta en que se dé el aviso se haya puesto en el correo dentro de dicho plazo.

El que no diere aviso dentro del plazo indicado no pierde el derecho de cobrar la letra a los endosantes, girador y demás obligados.

Concordancia

Art. 794.

ARTÍCULO 786.- Mediante la cláusula de "devolución sin gastos", "sin protesto", o cualquiera otra indicación equivalente escrita en el título y firmada, el librador, el endosante o un avalista podrán dispensar al tenedor de hacer que se levante protesto por falta de aceptación o por falta de pago para poder ejercer sus acciones.

Esta cláusula no dispensará al tenedor de presentar la letra dentro de los plazos correspondientes, ni de los avisos que haya de dar. La prueba de la inobservancia de los plazos incumbirá a quien la alegue contra el tenedor.

Si la cláusula hubiere sido escrita por el librador, producirá sus efectos con relación a todos los firmantes; si hubiere sido puesta por un endosante o avalista, sólo causará efecto con relación a éstos. Cuando, a pesar de la cláusula puesta por el librador, el portador mande levantar el protesto, los gastos que el mismo origine serán de su cuenta. Si la cláusula procediere de un endosante o de un avalista, los gastos del protesto, en caso de que se levante, podrán ser reclamados de todos los firmantes.

Concordancias

Arts. 776-782, 793 y 794.

SECCIÓN XII
DE LAS ACCIONES PARA OBTENER EL PAGO O REEMBOLSO EN SU CASO, DEL IMPORTE DE LA LETRA DE CAMBIO

ARTÍCULO 787.- Los que hubieren librado, endosado o avalado una letra de cambio, responderán solidariamente frente al tenedor.

El portador tendrá derecho a proceder en la vía ejecutiva contra todas estas personas individual o colectivamente, sin que le sea indispensable observar el orden en que se hubieren obligado.

El mismo derecho corresponderá a cualquier firmante de una letra de cambio que la haya pagado. La acción intentada contra cualquiera de las personas obligadas no impedirá que se proceda contra las demás, aunque sean posteriores en orden a la que fue primeramente demandada.

Concordancias

Arts. 432, 509, 742, 753, 757, 766, 770, 775 y 783.
Arts. 637 y 640 C.C.
Arts. 110 y 111 C.P.C.

ARTÍCULO 788.- El tenedor podrá reclamar a la persona contra quien ejercite su acción:

a) El importe no aceptado o no pagado de la letra de cambio, con los intereses, si se hubieren estipulado;

b) Intereses legales, a partir de la fecha de vencimiento; y

c) Los gastos del protesto y de las notificaciones, así como cualesquiera otros.

Si la acción se ejercitare antes del vencimiento, se deducirá del importe de la letra el descuento correspondiente, al tipo del 6% anual.

Concordancias

Arts. 497, 498, 731, 766 y 792.

ARTÍCULO 789.- El que hubiere reembolsado la letra de cambio podrá reclamar de las personas que lo garantizan:

a) La cantidad íntegra que haya pagado;

b) Intereses legales a partir de la fecha de pago; y

c) Los gastos que se hayan causado.

Concordancias

Arts. 497, 498 y 792.

ARTÍCULO 790.- La persona obligada contra la cual se ejerza o pueda ejercerse una acción cambiaria, podrá exigir, mediante el pago correspondiente, la entrega de la letra de cambio con el protesto y la cuenta de resaca con el recibo.

El endosante que haya pagado una letra de cambio podrá tachar su endoso y los de los endosantes subsiguientes.

ARTÍCULO 791.- En caso de ejercitarse acción de regreso después de una aceptación parcial, el que pagare la cantidad que hubiere quedado sin aceptar en la letra, podrá exigir que este pago se haga constar en ella y que se le de el correspondiente recibo.

El tenedor deberá, además, entregarle una copia certificada conforme de la letra, así como el protesto, para que puedan ejercerse cualesquiera recursos ulteriores.

Concordancias

Arts. 672, 753, y 792.

ARTÍCULO 792.- La persona que tenga el derecho de ejercer la acción de regreso podrá reembolsarse, salvo estipulación en contrario, mediante una letra de resaca, girada a la vista sobre cualquiera de los obligados en la letra y pagadera en el domicilio de éste.

La letra de resaca comprenderá, además de las cantidades indicadas en los artículos 788 y 789, un derecho de corretaje.

Cuando sea el tenedor quien gire la letra de resaca, el importe de ésta se fijará incluyendo el descuento de una letra a la vista, girada en el lugar en que la letra primitiva era pagadera, sobre el lugar del domicilio del garante. Si la letra fuere emitida por un endosante, su importe se fijará incluyendo el descuento de una letra a la vista librada en la plaza en que el librador de la letra de resaca tenga su domicilio, sobre el lugar del domicilio del responsable.

Concordancias

Arts. 788, 789, 753, 758 a), 759, 776, 788 y 789.

ARTÍCULO 793.- Expirados los plazos fijados para la presentación de una letra de cambio a la vista o a plazo cierto desde la vista, para el levantamiento del protesto por falta de aceptación o de pago, o para la presentación al pago en caso de haberse estipulado la devolución sin gastos, el tenedor perderá todos sus derechos contra los endosantes, contra el librador que hizo la provisión, y contra las demás personas obligadas, con la excepción del aceptante.

Si la letra no hubiere sido presentada para su aceptación en el plazo señalado por el librador, el tenedor perderá las acciones que le correspondieren, tanto por falta de pago como por falta de aceptación, a no ser que resulte de los términos de la letra que el librador sólo tuvo intención de eximirse de la garantía de la aceptación.

Cuando la estipulación de un plazo para la presentación estuviere contenida en un endoso, sólo podrá valerse de ese plazo el endosante respectivo.

Concordancias

Arts. 758, 423, 747, 759, 762, 766 y 786.
Art. 111.4. C.P.C.

ARTÍCULO 794.- Cuando no fuere posible presentar la letra de cambio o levantar el protesto en los plazos fijados, por fuerza mayor, se entenderán prorrogados dichos plazos.

El tenedor estará obligado a dar aviso sin demora a su endosante y al librador del caso de fuerza mayor, y a anotar este aviso, fechado y firmado por él, en la letra de cambio o en su suplemento. Las disposiciones del artículo 785 serán aplicables en este caso.

Una vez que haya cesado la fuerza mayor, el tenedor deberá presentar la letra sin demora para su aceptación o pago, y si hay lugar, deberá levantar el protesto.

Si la fuerza mayor persistiere después de transcurridos treinta días a partir de la fecha del vencimiento, las acciones podrán ejercitarse sin que sea necesaria la presentación ni el protesto.

Para las letras de cambio a la vista o a plazo cierto desde la vista, el término de treinta días correrá a partir de la fecha en que el tenedor haya dado aviso de la fuerza mayor a su endosante, aun antes de la expiración de los plazos de presentación. Para las letras de cambio a plazo cierto desde la vista, al término de treinta días se agregará el plazo desde la vista indicado en la letra de cambio.

No constituirán fuerza mayor los hechos que sólo afecten personalmente al tenedor o a la persona encargada por él de la presentación de la letra o del levantamiento del protesto.

Concordancias

Arts. 785, 746-748, 759, 762, 776, 777 y 785.

SECCIÓN XIII
DE LA PRESCRIPCIÓN

ARTÍCULO 795.- Las acciones que nacen de la letra de cambio prescriben a los cuatro años, a contar de la fecha del vencimiento.

Concordancia

Art. 984.

ARTÍCULO 796.- La interrupción de la prescripción sólo surtirá efecto contra aquel respecto del cual se haya efectuado el acto que interrumpa la prescripción.

Concordancias

Arts. 977, 978, 980, 982, y 983.
Art. 36.2 a) C.P.C.

SECCIÓN XIV
DE LOS DÍAS INHÁBILES

ARTÍCULO 797.- El pago de una letra de cambio que venza en día inhábil, no podrá exigirse hasta el primer día hábil siguiente. Los actos relativos a la letra de cambio sólo podrán efectuarse en días hábiles.

Cuando alguno de dichos actos deba efectuarse en un plazo, cuyo último día sea inhábil, dicho plazo quedará prorrogado hasta el primer día hábil siguiente a su expiración. Los días inhábiles intermedios se incluirán en el cómputo del plazo.

Concordancia

Art. 423.
Art. 30 C.P.C.

ARTÍCULO 798.- Los plazos legales o señalados en la letra no incluirán el día que les sirva de punto de partida.

CAPÍTULO II
DEL PAGARÉ

ARTÍCULO 799.- El pagaré es un documento por el cual la persona que lo suscribe promete incondicionalmente pagar a otra una cierta cantidad de dinero dentro de un determinado plazo.

ARTÍCULO 800.- El pagaré deberá contener:

a) La mención de ser un pagaré, inserta en el texto del documento;

b) La promesa pura y simple de pagar una cantidad de dinero determinada;

c) Indicación del vencimiento;

d) Lugar en que el pago haya de efectuarse;

e) El nombre de la persona a quien haya de hacerse el pago o a cuya orden se hayan de efectuar;

f) Lugar y fecha en que se haya firmado el pagaré; y

g) Los nombres y la firma de quien haya emitido el título, y del fiador cuando lo hubiere.

Concordancias

Arts. 802 b), 727 a), 671, 693, 758, 802 b), 730, 801, y 509 y siguientes.
Arts. 49 y siguientes C.C.

ARTÍCULO 801.- El título que carezca de alguno de los requisitos que se indican en el artículo precedente no será válido como tal pagaré, salvo en los casos determinados en los párrafos siguientes.

El pagaré cuyo vencimiento no esté indicado se considerará pagadero a la vista.

A falta de indicación especial, el lugar de emisión del título se considerará como el lugar del pago y al mismo tiempo como el lugar del domicilio del firmante.

El pagaré que no indique el lugar de su emisión se considerará firmado en el lugar que figure junto al nombre del firmante.

Concordancias

Art. 728.
Art. 111.2.7. C.P.C.

ARTÍCULO 802.- Serán aplicables al pagaré, mientras ello no sea incompatible con la naturaleza de este título, las disposiciones relativas a la letra de cambio y referentes:

a) Al endoso;

b) Al vencimiento, con la salvedad de que en el pagaré se admitirán vencimientos parciales, de manera que el pago del principal y de los intereses podrá pactarse por cuotas periódicas.

c) Al pago;

d) A las acciones por falta de pago;

e) Al pago por intervención;

f) A las alteraciones;

g) A la prescripción; y

h) A los días festivos, cómputo de los plazos y prohibición de los días de gracia.

Serán igualmente aplicables al pagaré las disposiciones relativas a la letra de cambio pagadera en casa de un tercero o en localidad distinta a la del domicilio del librado; a la estipulación de intereses; a las diferencias de enunciación relativas a la cantidad pagadera; a las consecuencias de la firma puesta en las condiciones mencionadas en el artículo 734; a las de la firma de una persona que actúe sin poderes o rebasando sus poderes; a la letra de cambio en blanco.

Serán igualmente aplicables al pagaré las disposiciones relativas al aval. En el caso previsto en el artículo 756, si el aval no indicare a favor de quién se ha dado, se entenderá que lo ha sido a favor del firmante del pagaré.

No son aplicables a los pagarés las disposiciones de las letras de cambio referentes a la presentación, para que sean aceptadas, a la aceptación, a la aceptación por intervención y a las exigencias del protesto.

Concordancias

Arts. 734, 800 c), 738-745, 758-766, 771-775, 787-798, 730, 731, 733, 746-754, 756, 768-770.

CAPÍTULO III
DEL CHEQUE

ARTÍCULO 803.- El cheque es una orden incondicional de pago girada contra un banco y pagadera a la vista.

El cheque debe constar por escrito en una de las fórmulas suministradas por el banco girado al cuentacorrentista y debe contener:

a) Nombre del girado;

b) Lugar y fecha de la expedición;

c) Nombre de la persona a cuya orden se gira o mención de ser al portador;

d) Mandato puro y simple de pagar una suma determinada, la cual debe ser escrita en letras y también en cifras, o con máquina protectora; y

e) Firma del girador, de su apoderado o de persona autorizada para firmar en su nombre. El cheque deberá ser necesariamente escrito con tinta o a máquina y la firma que lo cubra deberá ser autógrafa.

No obstante, el banco puede autorizar el uso de cheques hechos en máquinas especiales, aunque no contengan las especificaciones exigidas, siempre que tengan los datos necesarios para identificar al girador y al tomador, y la seguridad para evitar falsificaciones o alteraciones.

Concordancias

Arts. 693, 808, 813, 671, 612 y siguientes, 670, 804, y 830.
Arts. 49 y siguientes, y 649 y siguientes C.C.

ARTÍCULO 804.- El título que no llene los requisitos consignados en el artículo anterior, no se considerará como cheque, pero entre las partes tendrá el valor que las leyes le otorguen.

Concordancias

Arts. 728 y 801.
Art. 111.2.7. C.P.C.

ARTÍCULO 805.- La propiedad del cheque se trasmite por endoso, salvo que se trate de cheque al portador, caso en el cual basta la simple tradición. El cheque podrá ser endosado por una sola vez, sin que se cuente para tal efecto el endoso para su depósito en una cuenta de un banco o entidad financiera autorizada.

Los cheques girados a favor de una persona jurídica no podrán ser trasmitidos por endoso. Solo podrá hacerlo efectivo la persona jurídica beneficiaria o depositarse en una cuenta de esta.

Concordancias

Arts. 693, 696, 698, 796 y 806.

ARTÍCULO 806.- El endoso restrictivo es aquel en que el endosante establece una condición de esa naturaleza, por medio de frases tales como: "sin responsabilidad", "para su cobro", "para crédito de mi cuenta corriente", "para crédito de la cuenta corriente de...", poniendo a continuación el nombre de una persona, u otras similares. Este endoso puede, según el caso, limitar o modificar la responsabilidad del endosante; o bien, darle un destino especial a los fondos que el cheque representa.

ARTÍCULO 807.- El que trasmite un cheque girado al portador, o disyuntivamente a favor de una persona o al portador, sin endosatario, no garantiza su pago, pero responde de que las firmas son verdaderas y de que él es su legítimo dueño.

Concordancias

Arts. 699, 742 y 802 a).

ARTÍCULO 808.- Cuando en un cheque estuviere incompleto o mal escrito el nombre del endosatario o tenedor, éste, al trasmitirlo o cobrarlo, lo hará con su firma usual, expresando cuál es su nombre correcto.

Concordancia

Art. 803 c).

ARTÍCULO 809.- Todo cheque girado a caja, sin expresión de ser al portador, deberá endosarlo el girador para que pueda ser cobrado.

ARTÍCULO 810.- El que adquiera un cheque de buena fe, sin negligencia grave de su parte y no pueda cobrarlo al girado por haberse cometido falsificación o ejercido violencia sobre el girador o sobre alguno de los endosantes, podrá recurrir contra cualquiera de los demás responsables, como si no tuviere vicio alguno.

Concordancia

Art. 675.

ARTÍCULO 811.- El tenedor de buena fe de un cheque, no podrá ser perjudicado si su endosante u otro de los trasmitentes anteriores no hubieren tenido derecho para trasmitirlo, excepto que en el cheque aparezca circunstancia que manifieste la carencia del derecho. La falsificación de un endoso, no da derecho para reivindicar el cheque del tenedor que lo haya adquirido de buena fe y sin negligencia grave de su parte. Cuando el cheque ha sido girado o endosado por un incapaz, tendrá derecho el portador de buena fe para reclamar el pago de cualquiera de los otros obligados. En cuanto a la persona que giró o endosó careciendo de capacidad, el tenedor tendrá tan solo derecho de reclamar el tanto en que compruebe se haya aprovechado el incapaz.

ARTÍCULO 812.- Cuando el cheque sea girado o endosado por persona que no tenga poder o autorización para hacerlo, el tenedor podrá cobrarlo a cualquiera de los otros obligados; y contra aquél a cuyo nombre aparezca hecho el giro o endoso, cabrá acción sólo cuando su negligencia o descuido hayan contribuido a la comisión del hecho, o se compruebe que el acto irregular le ha aprovechado.

Concordancias

Arts. 675 y 681.

ARTÍCULO 813.- Caso de que hubiere discrepancia entre las cantidades escritas en el cheque, la suma que exprese la menor será la obligatoria para el girado.

Concordancia

Art. 671.

ARTÍCULO 814.- Cualquiera que sea la fecha de emisión, el banco hará buen pago a la presentación. Toda razón indicativa de que el cheque debe ser cobrado en fecha futura, se tendrá por no puesta y carecerá de valor legal.

Concordancias

Arts. 618, 803 y 831.

ARTÍCULO 815.- Los cheques no pagados producen acción ejecutiva contra el girador y endosantes. La ejecución se despachará con vista del cheque con la razón firmada por el cajero del banco de no haber sido pagado. Además de la acción ejecutiva, el tenedor de un cheque no pagado, podrá ejercer la acción penal, cuando se esté en el caso del inciso 17) del artículo 282 del Código Penal.

(Nota: Dichas conductas corresponden actualmente a las señaladas en los artículos 221 (Estafa mediante cheque) y 243 (Libramiento de cheques sin fondos) del Código Penal actual)

Concordancias

Arts. 110 y 111 C.P.C.

ARTÍCULO 816.- Cuando el girador no tenga en su cuenta fondos suficientes para cubrir un cheque, el banco pagará al tenedor hasta donde alcance el saldo al haber del cuentacorrentista. Al reverso del cheque se pondrá la constancia de pago firmada por el cajero y por el tenedor, dando el banco al tenedor una constancia del saldo en descubierto con todas las especificaciones que contenga el cheque, con presentación de la cual podrá el tenedor ejercitar la acción ejecutiva, contra los responsables del pago.

Concordancias

Arts. 618 y 831.
Arts. 110 y 111 C.P.C.

ARTÍCULO 817.- Cuando el cheque no se haya pagado por falta de fondos, el tenedor, al cobrar el reembolso en vía ejecutiva al girador, tendrá derecho a exigir a título de daños y perjuicios y como indemnización fija, el veinticinco por ciento de la suma no cobrada.

Concordancia

Art. 618.

ARTÍCULO 818.- En aquellos caos en que cabe la acción penal por falta de fondos y se compruebe que el tomador del cheque tenía conocimiento de las circunstancias que justifican tal acción, será penado por cómplice.

ARTÍCULO 819.- Es válido el pago de un cheque que de buena fe y sin oposición haga un banco a un insolvente o a un incapaz.

Concordancia

Art. 833.

ARTÍCULO 820.- Si el girado pagare un cheque con negligencia o descuido perderá su valor, pero podrá recurrir con el que percibió su importe sin derecho. El girado que pague un cheque falso podrá recurrir por el todo o parte de la pérdida, según las circunstancias, contra la persona que aparece como girador, si por su negligencia o descuido, ha facilitado la comisión del fraude. En esta materia servirán como reglas de interpretación las siguientes: en caso de falsificación de un cheque el banco sufrirá las consecuencias si la firma de girador es visiblemente falsificada, si el cheque que apareciere adulterado, raspado, interlineado o borrado en su fecha, número de orden, cantidad, especie de moneda, nombre del tenedor, firma del girador o le faltare cualquiera de los requisitos esenciales; y si el cheque no es de los entregados o autorizados por el banco girado. El girador responde por los perjuicios en caso de falsificación, si su firma ha sido falsificada en una fórmula de cheque recibida por él del banco y la falsificación no es visiblemente manifiesta.

Concordancias

Arts. 616, 803 y 827.

ARTÍCULO 821.- Quien solicite el pago de un cheque, aunque sea al portador, está obligado si el pagador lo exigiere, a firmar el cheque y a acreditar su identidad por medio de la cédula respectiva, documentos, personas que lo conozcan o cualquier otro medio a satisfacción del banco; no incurrirá en responsabilidad el banco que pague un cheque al portador si no exige identificación a quien lo presenta.

ARTÍCULO 822.- Por causa de hurto, robo, pérdida o haberse ejercido violencia para la obtención de un cheque, el girador podrá dar contraorden de pago, en cuyo caso el banco se abstendrá de pagarlo. Dicha contraorden deberá darse por escrito con datos suficientes para identificar el documento, y deberá expresar con claridad la circunstancia del hecho en que se fundamente.

Concordancias

Arts. 629 y 828.

ARTÍCULO 823.- Si con posterioridad a la contraorden de pago el girado resolviere ordenar que se efectúe el pago del cheque, deberá revalidarlo poniendo al reverso bajo su firma una leyenda que claramente lo exprese así. Consignará la fecha y su firma.

ARTÍCULO 824.- Por las mismas razones que pueda invocar el girador para dar contraorden de pago de un cheque, podrá hacerlo el tenedor, pero en este caso esa suspensión no excederá de cuatro días hábiles, salvo que el girador lo confirme por escrito.

En ambos casos de contraorden de pago, ya provenga del girador o del tenedor, éstos serán responsables de los daños y perjuicios que causen si tal contraorden resultare infundada.

Concordancias

Arts. 629 y 828.

ARTÍCULO 825.- Únicamente se suspenderá el pago de un cheque que esté escrito correctamente, en virtud de contraorden de pago o porque así lo disponga la autoridad judicial.

ARTÍCULO 826.- Cuando el cheque contenga la palabra "banco" en el anverso, entre dos rayas paralelas el cheque no podrá ser endosado, sino que necesariamente deberá ser depositado en una cuenta del beneficiario en algún banco o entidad financiera autorizada. Si a la palabra "banco" se le hubiere agregado el nombre particular de un banco o entidad financiera autorizada, el cheque solo podrá ser depositado en una cuenta abierta en ese establecimiento determinado.

ARTÍCULO 827.- El banco que pagare un cheque en contravención de lo dicho en el artículo anterior, será responsable ante el verdadero dueño del cheque, por cualquier pérdida que éste sufriere por motivo del pago hecho.

Concordancia

Art. 820.

ARTÍCULO 828.- El librador o cualquier tenedor puede exigir que el banco certifique en el cheque que en la cuenta existe provisión bastante para pagarlo. La certificación obliga cambiariamente al girado a pagar el cheque. Las expresiones "certificado", "visto bueno" u otra similar, firmadas y fechadas por el banco, son suficiente para obligar a éste al pago, quedando libres de toda responsabilidad el girador y los endosantes. La certificación o visto bueno debe constar, necesariamente, en el mismo cheque. No procede contraorden del girador en un cheque certificado, y la única forma de revocarla es devolviendo el cheque al banco para su destrucción.

Concordancias

Arts. 822 y siguientes.

ARTÍCULO 829.- No es necesario levantar protesto por falta de pago de un cheque, pero el tenedor deberá obtener del banco constancia de no haber sido pagado, la cual se pondrá en el mismo cheque o por separado. Para conservar la garantía de los endosantes, dentro de los cinco días hábiles siguientes se deberá dar aviso a éstos de no haber sido pagado el cheque. Ese aviso puede darse por correo y el recibo de la oficina postal hace presumir que se cumplió el requisito. La omisión del aviso librará de responsabilidad a los endosantes, pero no al girador.

Concordancias

Arts. 776 y siguientes, 785, 815 y 816.

ARTÍCULO 830.- Los cheques deberán presentarse para su pago:

a) Dentro de un mes de la fecha de expedición, si fueren pagaderos en el mismo lugar;

b) Dentro de tres meses si fueren expedidos y pagaderos en un lugar distante dentro del territorio de la República; y

c) Dentro de seis meses si fueren expedidos en el extranjero y pagaderos en el territorio de Costa Rica.

La no presentación en tiempo liberará de responsabilidad únicamente a los endosantes. Si vencido el plazo de presentación cayera el banco en estado de liquidación, el tenedor no tendrá recurso contra el girador que al emitir el cheque tuviera fondos en poder del banco y su acción será tan solo contra la liquidación administrativa de este último, pero la responsabilidad del girador subsistirá, si después de emitido el cheque hubiera dispuesto de los fondos con que se pudo haber cubierto.

Si el término venciere en día que el banco tenga cerradas sus oficinas, deberá presentarse el primer día hábil siguiente.

(Así reformado por el artículo 74.3 de la Ley No. 9957)

Concordancias

Arts. 618 y 814.

ARTÍCULO 831.- En cualquier tiempo, dentro del término de la prescripción, el banco girado deberá pagar el cheque total o parcialmente, si el librador tiene fondos suficientes para ello y no ha recibido contraorden ni mandato judicial para no hacer el pago.

Concordancias

Arts. 984, 618, 814, 816, 822, 824, 825, 968 y 969.

ARTÍCULO 832.- La muerte o la incapacidad superviniente del librador, no autoriza al librado para dejar de pagar el cheque.

ARTÍCULO 833.- Publicada la apertura de la fase de liquidación del girador, el banco se abstendrá de pagar cheques emitidos por el concursado. Incurrirá el banco en responsabilidad, si procediera contra lo ordenado en este artículo.

(Así reformado por el artículo 74.3 de la Ley No. 9957)

Concordancias

Arts. 819 y 863.

ARTÍCULO 834.- Todo pago que se haga con cheque, será a reserva de que dicho cheque sea pagado a la presentación. La falta de pago del cheque hará absolutamente nulo e ineficaz en derecho, el pago que se pretendió hacer con el cheque.

Concordancias

Arts. 605 y 623.

ARTÍCULO 835.- Los establecimientos bancarios pueden expedir cheques de caja a cargo de sus propias dependencias. Estos cheques deberán girarse a favor de persona determinada.

ARTÍCULO 836.- Los bancos venderán los llamados "Cheques de Viajero", que serán expedidos por el establecimiento principal para ser pagados en el mismo banco o fuera de él por sus sucursales o corresponsales, dentro del país o en el exterior. Los cheques de viajero se extenderán a favor de persona determinada. El pagador del cheque deberá verificar la autenticidad de la firma del tomador, cotejándola con la firma de éste que aparezca certificada por la oficina que haya puesto los cheques en circulación.

ARTÍCULO 837.- El tenedor de un cheque de viajero podrá presentarlo para su pago a cualquiera de las sucursales o corresponsales incluidas en la lista que al efecto proporcionará el librador, y en cualquier tiempo mientras no transcurra el señalado para la prescripción.

Concordancias

Arts. 693 y 984.

ARTÍCULO 838.- La falta de pago inmediato de un cheque de viajero, dará derecho al tenedor para exigir ejecutivamente del librador la devolución del importe del mismo y el resarcimiento de daños y perjuicios que en ningún caso será inferior al veinticinco por ciento del valor del cheque no pagado.

Concordancias

Arts. 815 y 817.
Arts. 110 y 111 C.P.C.

ARTÍCULO 839.- El banco que hubiere vendido cheques de viajero, tendrá la obligación de reembolsar el importe de los cheques no utilizados por el tomador y que se le devuelvan en buen estado.

ARTÍCULO 840.- Los bancos también pueden vender cheques de viajero en cualquier moneda, expedidos por otros bancos del exterior, los cuales ser regirán por las leyes del país donde se emitan, pero el banco que los venda en Costa Rica será responsable de la autenticidad de los mismos.

CAPÍTULO IV
DE LAS CARTAS DE CRÉDITO

ARTÍCULO 841.- Las cartas de crédito deberán extenderse a favor de persona o personas determinadas y no serán negociables.

Expresarán una cantidad fija o varias cantidades indeterminadas, pero comprendidas dentro de un máximo que ha de fijar con toda claridad la carta.

ARTÍCULO 842.- Las cartas de crédito no son susceptibles de aceptación ni de protesto; tampoco confieren al tenedor derecho alguno contra la persona o institución a quienes van dirigidas.

ARTÍCULO 843.- El tomador no tendrá derecho alguno contra el dador, sino cuando haya dejado en su poder el importe de la carta de crédito, o sea su acreedor por ese importe, en cuyo caso el dador estará obligado a restituir el importe de la carta si esta no fuere pagada, y a pagar los daños y perjuicios. Estos no excederán de la décima parte del importe de la suma que no hubiere sido pagada, además de los gastos causados por el aseguramiento o la fianza.

ARTÍCULO 844.- Salvo el caso de que el tomador haya dejado el importe en manos del dador o le haya garantizado satisfactoriamente, el dador podrá anular la carta en cualquier tiempo, poniéndola en conocimiento del tomador y de aquél a quien fue dirigida.

ARTÍCULO 845.- El dador queda obligado a pagar al destinatario de la carta la suma que éste haya entregado al tenedor en virtud de la misma carta de crédito.

ARTÍCULO 846.- Si el pagador lo exigiere, el tenedor de la carta estará obligado a identificarse.

ARTÍCULO 847.- DEROGADO.

(Derogado por el artículo 9 de la Ley No. 7201 del 10 de octubre de 1990)

ARTÍCULO 848.- DEROGADO.

(Derogado por el artículo 9 de la Ley No. 7201 del 10 de octubre de 1990)

ARTÍCULO 849.- DEROGADO.

(Derogado por el artículo 9 de la Ley No. 7201 del 10 de octubre de 1990)

ARTÍCULO 850.- DEROGADO.

(Derogado por el artículo 9 de la Ley No. 7201 del 10 de octubre de 1990)

LIBRO CUARTO

ARTÍCULOS 851 al 967.- DEROGADOS.

(Derogados por el artículo 73.2 de la Ley No. 9957)

LIBRO QUINTO

TÍTULO I
DE LA PRESCRIPCIÓN

CAPÍTULO I
DISPOSICIONES GENERALES

ARTÍCULO 968.- Las acciones que se deriven de actos y contratos comerciales, prescriben con arreglo a las disposiciones de este capítulo. La prescripción se opera por el no ejercicio del derecho respectivo dentro del plazo legalmente indicado.

(Nota: Mediante el artículo único de la Ley No. 3416 del 3 de octubre de 1964; se interpretó este numeral en el sentido de que "...la prescripción de las acciones que se deriven de actos y contratos mercantiles, se regirá por las disposiciones del capítulo a que ese artículo se refiere, salvo en cuanto a las hipotecas comunes o de cédulas, que continuarán rigiéndose por la prescripción de diez años.)

Concordancias

Art. 984.
Arts. 409 y siguientes, 426 y siguientes, y 865 C.C.

ARTÍCULO 969.- La prescripción comienza a correr al día siguiente del vencimiento en las obligaciones que tienen determinado plazo dentro del cual deben ser cumplidas; y en aquellos casos en que lo que autoriza la ley es ejercitar un determinado derecho, desde el día en que tal derecho pudo hacerse valer.

Concordancias

Art. 422.
Art. 874 C.C.

ARTÍCULO 970.- Solamente la prescripción ya cumplida puede ser objeto de renuncia. Será absolutamente nulo el pacto por el cual se renuncia, expresa o implícitamente, a una posible prescripción futura aún no cumplida.

Concordancias

Arts. 850 y 851 C.C.

ARTÍCULO 971.- No puede renunciar a su prescripción, quien no puede válidamente disponer de un derecho.

ARTÍCULO 972.- La prescripción se puede plantear como acción para que se declare la extinción del derecho y su ejercicio, y como excepción, cuando se pretenda hacer efectivo un derecho ya extinguido por el transcurso del tiempo legal.

ARTÍCULO 973.- En ningún caso el juez declarará de oficio la prescripción. Es preciso que la parte interesada la oponga.

ARTÍCULO 974.- La prescripción podrá ser invocada por los acreedores o por cualquiera que tuviere interés en ello, si la parte no la hiciere valer, y aun cuando ésta hubiere renunciado a ella.

Concordancias

Arts. 715 y siguientes C.C.
Arts. 57, 113.5., 110.2., 111.4., 123, 178.2., 168 C.P.C.

ARTÍCULO 975.- El que cumpliere una obligación prescrita, no tendrá derecho a repetir lo pagado.

CAPÍTULO II
DE LA SUSPENSIÓN DE LA PRESCRIPCIÓN

ARTÍCULO 976.- La prescripción comienza a correr contra cualquier persona física o jurídica, con las siguientes excepciones:

a) Contra los menores o los incapaces mientras no tengan quien los represente legalmente;

b) Entre los cónyuges;

c) Entre los menores o incapaces contra sus representantes, mientras éstos ejerzan sus respectivos cargos;

d) Entre copropietarios o comuneros respecto del bien común;

e) Contra los militares en tiempo de guerra;

f) Entre administradores, gerentes y demás empleados o funcionarios y la sociedad mientras desempeñan el cargo o empleo; y

g) Entre el deudor y su acreedor, cuando aquél dolosamente hubiere ocultado la existencia del crédito. En este caso, comenzará a correr el término cuando se descubra el dolo.

Concordancias

Arts. 189. 191-192, 719, y 985.
Art. 270- 274, y 880 C.C.

Arts. 723 y 747 C.P.C. (de la Ley No. 7130, no derogados según artículo 183 a) del nuevo C.P.C.)

CAPÍTULO III
DE LA INTERRUPCIÓN DE LA PRESCRIPCIÓN

ARTÍCULO 977.- La prescripción quedará interrumpida:

a) Por la demanda o cualquier otro género de interpelación judicial notificada al deudor. Se considera como no interrumpida la prescripción, si el actor desistiere de ella o se declarare desierta;

b) Por el requerimiento judicial, notarial o en otra forma escrita, siempre que se compruebe que le fue notificada al deudor;

c) Por el reconocimiento tácito o expreso en derecho de la persona contra quien se prescribe hecho por aquel a cuyo favor corre la prescripción. El nuevo término para prescribir comenzará a correr al día siguiente de hecho el reconocimiento, o de ser tenido por hecho por resolución firme.

Si se hiciere un nuevo título, sin consignar plazo, empezará a correr la prescripción al día siguiente de la fecha del nuevo título, y si tan sólo se hubiera prorrogado el plazo, desde el día siguiente del vencimiento de este último; y

d) Por el pago de intereses debidamente comprobado.

Concordancias

Arts. 875, 876, 878, 879, 1104 y siguientes Código Civil.
Arts. 723 y 747 C.P.C. (de la Ley No. 7130, no derogados según artículo 183 a) del nuevo C.P.C.)

ARTÍCULO 978.- Las causas que interrumpen la prescripción respecto de uno de los deudores solidarios, la interrumpen también respecto a los otros.

Concordancias

Arts. 432, 796 y 980.

ARTÍCULO 979.- No se tendrá por interrumpida la prescripción respecto de los demás, si el acreedor hubiere consentido en la división de la deuda, de uno o varios de los deudores solidarios.

Concordancia

Arts. 432.

ARTÍCULO 980.- La interrupción de una prescripción contra el deudor principal, produce los mismos efectos contra su fiador, y viceversa si el fiador fuere solidario.

Concordancias

Arts. 509 y siguientes, y 796.

ARTÍCULO 981.- Cuando no existe solidaridad, para que la prescripción de una obligación se interrumpa respecto de todos los obligados, se requiere la notificación o reconocimiento, en su caso, de cada uno de ellos.

Mediante la interrupción de la prescripción se anula para sus efectos, todo el tiempo ya transcurrido.

ARTÍCULO 982.- El tiempo para la prescripción se cuenta por años de fecha a fecha, salvo que la ley expresamente disponga otra cosa en determinados casos. Los meses se computarán completos con cualquier número de días que tengan.

Concordancias

Arts. 881-882 C.C.

ARTÍCULO 983.- Cuando la prescripción se cuente por días, se entenderán éstos de veinticuatro horas. La prescripción comenzará a correr el día siguiente del vencimiento o a la fecha en que pudo hacerse efectivo el derecho, si no había plazo determinado. En esos términos no se excluyen los días hábiles ni feriados.

Concordancias

Arts. 881-882 C.C.

CAPÍTULO IV
DEL PLAZO DE LA PRESCRIPCIÓN

ARTÍCULO 984.- Salvo lo expresamente dispuesto en otros capítulos de este Código, todo derecho y su correspondiente acción prescriben en cuatro años, con las siguientes salvedades que prescribirán en un año:

a) Las acciones de nulidad de los acuerdos tomados por las asambleas de accionistas o consejos de administración de sociedades comerciales; las de reclamaciones por vicios de las cosas vendidas con garantía de buen funcionamiento; y las de responsabilidad de los administradores, gerentes, directores y demás miembros de la administración de sociedades;

b) Las acciones para cobrar intereses, alquileres, arrendamientos o rentas;

c) Las acciones de los empresarios, para cobrar el valor de las obras que ejecutaren por destajo;

d) Las acciones para cobrar el uso de cualquier otro derecho sobre bienes muebles; y

e) DEROGADO según Ley Marco del Contrato de Factoreo No. 9691.

Concordancias

Arts. 92, 176-178, 184, 189, 191, 192, 199, 332, 347, 438, 450, 452, 795, 831, 976 f), y 986.
Arts. 868-871 C.C.

ARTÍCULO 985.- Las prescripciones que establece este capítulo son extintivas y no cabe contra ellas más excepción que la de suspensión cuando ésta legalmente se haya operado, y el mal cómputo en los términos.

Concordancias

Art. 976.
Arts. 723 y 747 C.P.C. (de la Ley No. 7130, no derogados según artículo 183 a) del nuevo C.P.C.)

ARTÍCULO 986.- Si para el cobro de una obligación comercial se planteare demanda y en ésta recayere sentencia, el término de la prescripción será el que conforme el artículo 984 corresponda a la obligación de que se trate, comenzando a correr desde la firmeza del fallo.

Concordancias

Art. 984.
Art. 873 C.C.

DISPOSICIONES GENERALES Y TRANSITORIAS

ARTÍCULO I.- Se derogan el Código de Comercio emitido por la ley Nº 2797 de 4 de agosto de 1961, cuya vigencia quedó en suspenso y el Código de Comercio emitido por decreto de 6 de junio de 1853 y sus reformas, excepto el LIBRO TERCERO: "DEL COMERCIO MARÍTIMO", en tanto no se dicte la legislación correspondiente, y las siguientes leyes y sus reformas: Ley de Nacionalización del Comercio, Nº 52 de 29 de diciembre de 1943; la Nº 13 de 21 de junio de 1901 de Registro Mercantil; Nº 20 de 5 de julio de 1901 de Contabilidad Mercantil; Nº 7 de 29 de noviembre de 1909 sobre Transportes; Nº 6 del 24 de noviembre de 1909 sobre Sociedades Mercantiles; Nº 17 de 25 de noviembre de 1902 de Cambio; Nº 15 de 15 de octubre de 1901 sobre Quiebras; Nº 23 de 23 de julio de 1901 sobre Venta de Establecimientos Mercantiles; Nº 5 de 5 de octubre de 1941 sobre Prenda; Nº 1633 de 12 de setiembre de 1955 sobre Cuenta Corriente Bancaria y Cheque; Nº 136 de 26 de julio de 1933 que estableció un impuesto sobre los excesos de intereses en cuanto se refieran a obligaciones mercantiles únicamente; Nº 19 de 3 de junio de 1937 sobre Sociedades de Hecho; Nº 272 de 25 de agosto de 1942 sobre Sociedades de Responsabilidad Limitada; Nº 1606 de 15 de julio de 1953 sobre Corredores Jurados; Nº 2496 de 9 de enero de 1960 sobre Agencias o Corredurías de Aduana, excepto los artículos 23 y 24 y los Transitorios I y III de la misma.

Asimismo, se derogan todas las demás leyes de carácter mercantil que se opongan o resulten en su aplicación incompatibles con las materias comprendidas en este Código.

ARTÍCULO II.- En los casos en que su aplicación no produzca efecto retroactivo, sus disposiciones serán aplicables a los efectos de los actos jurídicos anteriores a su vigencia.

ARTÍCULO III.- Las sociedades mercantiles constituidas de conformidad con la ley respectiva de su tiempo, continuarán rigiéndose por esas disposiciones, pero si alguna modificare las cláusulas de su escritura, deberá continuar rigiéndose por las disposiciones de este Código.

ARTÍCULO IV.- Continuarán rigiéndose por la ley anterior, las disposiciones relativas a los requisitos de forma y a las condiciones intrínsecas de los actos y contratos anteriores a la vigencia de este Código. Las mismas leyes originales serán aplicables a los derechos y obligaciones derivadas de esos títulos, actos y contratos, salvo lo dispuesto a continuación.

ARTÍCULO V.- La ley vigente cuando se originó la relación jurídica o se produjo el hecho, será aplicable en lo relativo a la admisibilidad de las pruebas y a los efectos de las presunciones legales relativas a dichos títulos actos y contratos.

ARTÍCULO VI.- Las leyes en vigor al ocurrir el acto o contrato o a la creación del título, serán aplicables en lo relativo a la responsabilidad civil, en que puedan incurrir las personas que en ellos han intervenido.

ARTÍCULO VII.- Prescribirán o caducarán dentro de los plazos del presente Código, todas las acciones que se deriven de los títulos, actos o contratos mencionados. El plazo a partir del cual comienza a correr la prescripción se contará a partir de la promulgación de este Código, en lo relativo al plazo en que deba practicarse el acto o diligencia, o llenarse el requisito o formalidad de cuya omisión resulte la caducidad de la acción.

ARTÍCULO VIII.- El tiempo de prescripción transcurrido durante la vigencia de las leyes derogadas, debe computarse como parte del término de la misma, pero la acción en ningún caso podrá quedar extinguida por prescripción, antes de seis meses contados a partir de la vigencia de este Código.

ARTÍCULO IX.- Las acciones, excepciones y los actos procesales referentes a los títulos, los actos y contratos de carácter mercantil, se regirán por las leyes vigentes al tiempo en que se ejerzan o ejecuten.

ARTÍCULO X.- Las prescripciones no cumplidas al entrar en vigencia este Código se regirán, en cuanto a término, por lo que este cuerpo de leyes dispone, sumando desde luego el término ya transcurrido.

ARTÍCULO XI.- DEROGADO.

(Derogado por el artículo 9° de la ley que aprobó la Ley Reguladora del Mercado de Valores, N° 7201 del 10 de octubre de 1990)

ARTÍCULO XII.- Este Código rige a partir del 1° de junio de 1964.

Transitorio I.- La obligación de presentar certificación de gravámenes del Registro de Muebles, a que hace alusión el artículo 564 del Código de Comercio, quedará en suspenso hasta tanto no se establezca el mencionado Registro, mediante el correspondiente Decreto Ejecutivo.

(Nota: Este transitorio pertenece a la Ley N° 3303 del 27 de julio de 1964)

Transitorio II.- Cualquier modificación, prórroga, cancelación parcial o total u otro acto jurídico vinculado con contratos de prendas, debidamente inscritos antes de la vigencia de esta ley, observará el procedimiento dispuesto en la legislación anterior.

(Así adicionado este Transitorio, por el artículo 186 del Código Notarial N° 764 del 17 de abril de 1998).

Comuníquese al Poder Ejecutivo

Dado en el Salón de Sesiones de la Asamblea Legislativa.

San José a los veinticuatro días del mes de abril de mil novecientos sesenta y cuatro.

Rafael París Steffens
Presidente

Dubilio Argüello Villalobos
Primero Secretario

Luis Castro Hernández
Segundo Secretario

Casa Presidencial. San José a los treinta días del mes de abril de mil novecientos sesenta y cuatro.

Ejecútese y Publíquese

FRANCISCO J. ORLICH

El Ministro de Economía y Hacienda,
BERNAL JIMÉNEZ M.